Eliana Almeida e Aninha Abreu

Vamos Trabalhar

Caderno de Atividades

- Linguagem
- Matemática
- Natureza
- Sociedade

3 Educação Infantil

NOME

PROFESSOR

ESCOLA

Editora do Brasil

Dados Internacionais de Catalogação na Publicação (CIP)
(Câmara Brasileira do Livro, SP, Brasil)

Almeida, Eliana
　　Vamos trabalhar : caderno de atividades : educação infantil 3 / Eliana Almeida, Aninha Abreu. -- 2. ed. -- São Paulo : Editora do Brasil, 2023. -- (Vamos trabalhar)

　　ISBN 978-85-10-09806-9 (aluno)
　　ISBN 978-85-10-09807-6 (professor)

　　1. Linguagem (Educação infantil) 2. Matemática (Educação infantil) 3. Natureza (Educação infantil) 4. Sociedade (Educação infantil) I. Abreu, Aninha. II. Título. III. Série.

23-170070　　　　　　　　　　　　CDD-372.21

Índices para catálogo sistemático:

1. Ensino integrado : Livros-texto : Educação infantil　372.21
Cibele Maria Dias - Bibliotecária - CRB-8/9427

Ilustra Cartoon

© Editora do Brasil S.A., 2023
Todos os direitos reservados

Direção-geral: Paulo Serino de Souza

Diretoria editorial: Felipe Ramos Poletti
Gerência editorial de conteúdo didático: Erika Caldin
Gerência editorial de produção e design: Ulisses Pires
Supervisão de design: Dea Melo
Supervisão de arte: Abdonildo José de Lima Santos
Supervisão de revisão: Elaine Cristina da Silva
Supervisão de iconografia: Léo Burgos
Supervisão de digital: Priscila Hernandez
Supervisão de controle e planejamento editorial: Roseli Said
Supervisão de direitos autorais: Jennifer Xavier

Supervisão editorial: Carla Felix Lopes
Edição: Beatriz Pineiro e Jamila Nascimento
Assistência editorial: Marcos Vasconcelos
Auxílio editorial: Natalia Soeda
Revisão: Alexander Barutti, Andréia Andrade, Beatriz Dorini, Gabriel Ornelas, Mariana Paixão, Martin Gonçalves, Rita Costa, Sandra Fernandes e Sheila Folgueral
Pesquisa iconográfica: Luiza Camargo
Tratamento de imagens: Robson Mereu
Projeto gráfico: Talita Lima
Capa: Talita Lima
Imagem de capa: Ilustra Cartoon
Edição de arte: Carla Ferreira
Ilustrações: Bruna Ishihara, Darillo Souza, DAE (Departamento de Arte e Editoração), Eduardo Belmiro, Estúdio Rafe e Ilustra Cartoon
Editoração eletrônica: Grapho Editoração
Licenciamentos de textos: Cinthya Utiyama, Ingrid Granzotto, Renata Garbellini e Solange Rodrigues
Controle e planejamento editorial: Bianca Gomes, Juliana Gonçalves, Maria Trofino, Terezinha Oliveira e Valéria Alves

2ª edição / 3ª impressão, 2025
Impresso no parque gráfico da HRosa Gráfica e Editora.

Avenida das Nações Unidas, 12901
Torre Oeste, 20º andar
São Paulo/SP – CEP 04578-910
Fone: + 55 11 3226-0211
www.editoradobrasil.com.br

Apresentação

Querida criança,

Você acaba de receber um lindo presente!

Com seu exemplar da coleção **Vamos Trabalhar – Caderno de Atividades**, você se divertirá e aprenderá muito!

Este livro está repleto de brincadeiras e exercícios nos quais você vivenciará experiências, leituras, histórias, músicas, cantigas, parlendas, adivinhas, situações-problema e muito mais. Essas atividades foram elaboradas com muito carinho e alegria, pensando em seu desenvolvimento integral e no respeito a seu direito de viver a infância.

Vamos embarcar juntos nesta divertida aventura que é aprender?

Você, criança, é cidadã e produtora de cultura. Então, abra seu Caderno de Atividades e comece agora mesmo a construir sua história: escreva, leia, cante, recite, desenhe, pinte, recorte, cole, crie e reflita.

Um abraço carinhoso!

As autoras

As autoras

Eliana Almeida

- Licenciada em Artes Práticas
- Psicopedagoga clínica e institucional
- Especialista em Fonoaudiologia (área de concentração em Linguagem)
- Pós-graduada em Metodologia do Ensino da Língua Portuguesa e Literatura Brasileira
- Psicanalista clínica e terapeuta holística
- *Master practitioner* em Programação Neurolinguística
- Aplicadora do Programa de Enriquecimento Instrumental do professor Reuven Feuerstein
- Educadora e consultora pedagógica na rede particular de ensino
- Autora de vários livros didáticos

Aninha Abreu

- Licenciada em Pedagogia
- Psicopedagoga clínica e institucional
- Especialista em Educação Infantil e Educação Especial
- Gestora de instituições educacionais do Ensino Fundamental e do Ensino Médio
- Educadora e consultora pedagógica na rede particular de ensino
- Autora de vários livros didáticos

"O essencial é invisível aos olhos."
Antoine de Saint-Exupéry

Sumário

Linguagem

Alfabeto 7
Arara 11
Igreja 13
Elefante 15
Uva 17
Ovo 19
    Revisando as vogais............ 21
P, M, V, N e D 23
Papai 25
Mamãe 27
Vovó 29
Neném 31
Dedo 33
    Revisando o que
    foi estudado............... 35 e 37
R, S, B, T e L 39
Roda......................................41
Sino 43
Boi...45
Tucano 47
Luva......................................49
    Revisando o que
    foi estudado....................... 51
C, G, J, F, Z e X 55
Coco 57
Galo 59
Janela....................................61
    Revisando o que
    foi estudado....................... 63
Fada 65
Zebu......................................67
Xale.......................................69
    Revisando o que
    foi estudado.......... 71, 73 e 75
H, Q, K, W e Y......................77
Hipopótamo..........................79
Quiabo 81
K, W e Y 83
Alfabeto 85
    Revisando o que
    foi estudado................ 87 e 89
CE, CI 91
GE, GI 93

Revisando o que
foi estudado........................ 95
ARA 97
RR 99
    Revisando o que
    foi estudado..................... 101
NH 103
    Revisando o que
    foi estudado..................... 105
AN, EN, IN,
ON, UN 107
AM, EM, IM,
OM, UM 109
QU 111
LH 113
ASA, ESA, ISA, OSA, USA....115
    Revisando o que
    foi estudado..................... 117
SS 121
AL, EL, IL, OL, UL 123
ÇA, ÇO, ÇU 125
Ã, ÃS, ÃO, ÃOS, ÕES 127
    Revisando o que
    foi estudado..................... 129
GUE, GUI 131
GUA, GUO 133
CH 137
AR, ER, IR, OR, UR 139
AS, ES, IS, OS, US 141
    Revisando o que
    foi estudado..................... 143
AZ, EZ, IZ, OZ, UZ 145
BRA, CRA, DRA, FRA,
GRA, PRA, TRA, VRA........... 147
BLA, CLA, FLA, GLA,
PLA, TLA 151
    Revisando o que
    foi estudado..................... 155

Matemática

Número 1 161
Número 2 163
Número 3 165
Número 4 167
Número 5 169
Número 6 171

Número 7	173
Número 8	175
Número 9	177
Número 0	179
Sinal de igual (=) e sinal de diferente (≠)	181
Número 10	183
Dezena e meia dezena	185
Mais sistema de numeração decimal	186
Conjunto vazio e conjunto unitário	187
Mais sistema de numeração decimal	188
Sinal de união (∪)	189
Mais sistema de numeração decimal	190
Adição	191
Mais sistema de numeração decimal	192
Situações-problema de adição	193
Escrita dos números até 5	194
Dúzia e meia dúzia	195
Mais situações-problema de adição	196
Mais sistema de numeração decimal	197
Mais situações-problema de adição	198
Números ordinais	199
Mais sistema de numeração decimal	200
Sequência numérica de 2 em 2	201
Mais situações-problema de adição	202
Números romanos até 5	203
Mais situações-problema de adição	204
Subtração	205
Mais sistema de numeração decimal	206
Situações-problema de subtração	207
Números por extenso até 10	208
Dias da semana	209
Mais sistema de numeração decimal	210
Mais situações-problema de subtração	211
Sequência numérica de 5 em 5	212
O relógio – tempo	213
Mais sistema de numeração decimal	214
Medidas de comprimento (m)	215
Mais situações-problema de subtração	216
Medida de massa (kg)	217
Nosso dinheiro – real	218
Medida de capacidade (L)	219
Mais sistema de numeração decimal	220

▶ Natureza

O nosso planeta	221
A natureza	222
Os seres vivos e os elementos não vivos	223
A água	225
O ar	227
As plantas	229
Os animais	231
O nosso corpo	233
Os sentidos	235
A nossa alimentação	237
Cuidados: a higiene pessoal	239
Cuidados: o meio ambiente	240

▶ Sociedade

Quem é você?	241
Minha família	242
Casas	243
Rua	245
O meu bairro	247
Escola	249
O trabalho	251
Meios de transporte	253
Meios de comunicação	255

NOME: _____   DATA: _____

Nome

Nosso alfabeto tem 26 letras! Com as letras de nosso alfabeto, escrevo o nome de pessoas, animais, lugares, cores e de todas as coisas. Agora quero saber seu nome!

Texto escrito especialmente para esta obra.

1. Escreva seu nome.

_____

2. Escreva o nome de pessoas de sua família.

_____

3. Pinte as crianças da cena.

4 ▸ Circule os nomes que você conhece.

5 ▸ Leia os nomes e ligue-os aos respectivos personagens.

NOME: _____ DATA: _____

1 ▸ Observe o modelo e continue ligando os pontos.

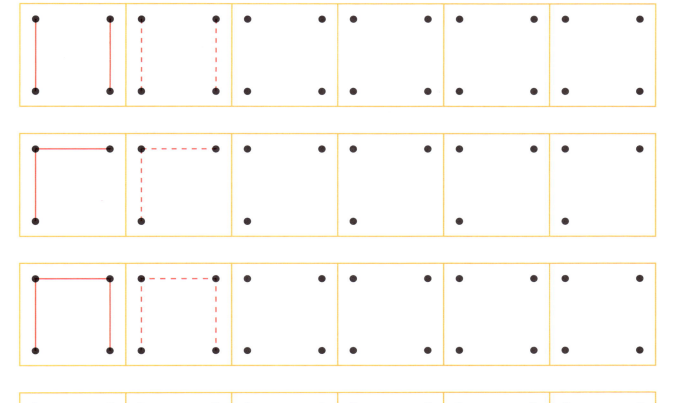

2 ▸ Ligue os pontos e forme figuras iguais ao modelo.

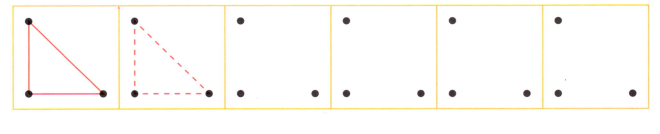

9

3 ▸ Encontre a imagem diferente e circule-a.

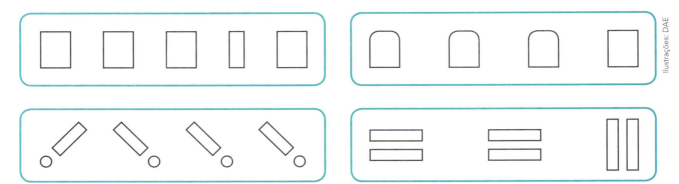

4 ▸ Pinte de acordo com o modelo.

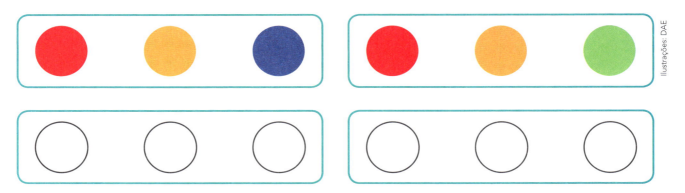

5 ▸ Ligue cada material escolar a sua sombra.

NOME: _____ DATA: _____

 **Vamos ouvir**

O que é, o que é?

Sou uma ave bonita,
Tente meu nome escrever.
Leia de trás para a frente
E o mesmo nome vai ter.

Adivinha.

arara

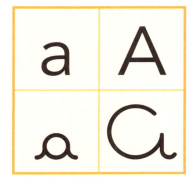

 **Atividades**

1▸ Pinte as figuras cujos nomes começam com a letra **A**.

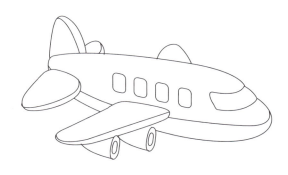
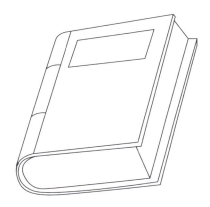

2▸ Cubra o tracejado e continue fazendo a letra a – a.

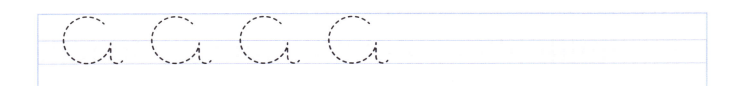

11

3 ▸ Ligue as letras correspondentes em cada coluna.

A •   • 𝑎

a •   • 𝒶

4 ▸ Circule as letras **a – A** nas palavras abaixo.

ABELHA   arara   𝒜𝓃𝒶

𝒷𝑜𝓁𝒶   ABACAXI

5 ▸ Escreva as letras **a – A** em letra cursiva.

a _____

A _____

6 ▸ Pesquise, em jornais e revistas, palavras com **a – A**. Recorte-as e cole-as no espaço a seguir.

a A

NOME: _____ DATA: _____

O que é, o que é?
Tem sempre na frente da igreja?

Adivinha.

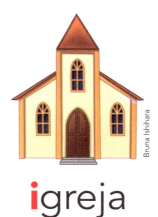

igreja

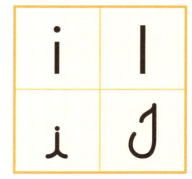

1 ▸ Pinte as figuras cujos nomes começam com a letra **I**.

2 ▸ Cubra o tracejado e continue fazendo a letra i – J.

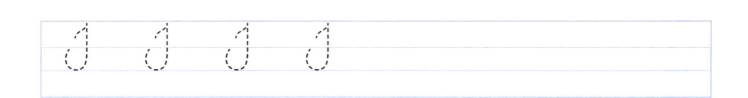

13

3 ▶ Ligue as letras correspondentes em cada coluna.

4 ▶ Circule as letras **i – I** nas palavras abaixo.

ilha IARA pipoca

Ivo pipa igreja

5 ▶ Escreva as letras **i – I** em letra cursiva.

6 ▶ Pesquise, em jornais e revistas, palavras com **i – I**. Recorte-as e cole-as no espaço a seguir.

NOME: _____ DATA: _____

O que é, o que é?

Coisa tão curiosa
Causa espanto em tanta gente:
Por trás tão curto rabinho
E tromba tão grande na frente.

Adivinha.

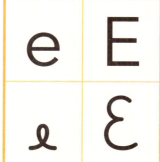

elefante

1) Pinte as figuras cujos nomes começam com a letra **E**.

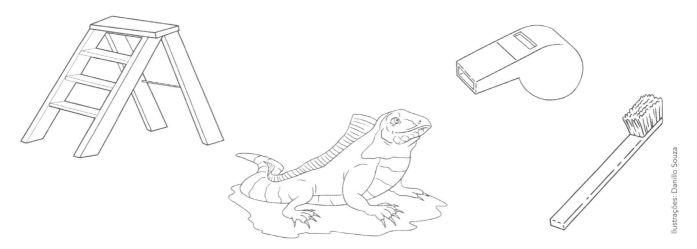

2) Cubra o tracejado e continue fazendo a letra ℯ – Ɛ.

15

3 ▸ Ligue as letras correspondentes em cada coluna.

Ɛ •   • i   l •   • ℓ

i •   • E   e •   • ℐ

4 ▸ Circule as letras **e** – **E** nas palavras abaixo.

caneta   DEDO   Eliana

estrela   bule   anel

5 ▸ Escreva as letras **e** – **E** em letra cursiva.

e _____

E _____

6 ▸ Pesquise, em jornais e revistas, palavras com **e** – **E**. Recorte-as e cole-as no espaço a seguir.

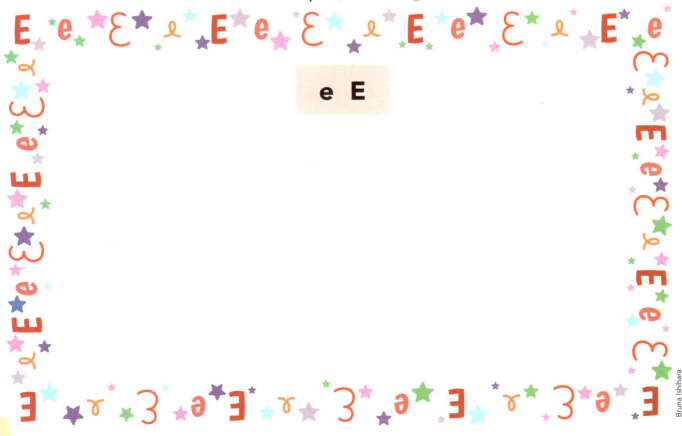

e E

NOME: _____ DATA: _____

O que é, o que é?

Com a letra U começa o nome
De uma gostosa frutinha,
Tão pequena e tão doce,
Pode ser verde ou roxinha.

Adivinha.

uva

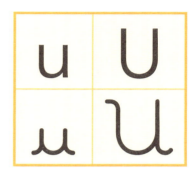

1 ▶ Pinte as figuras cujos nomes começam com a letra **U**.

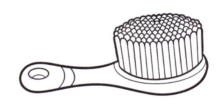

2 ▶ Cubra o tracejado e continue fazendo a letra u – U.

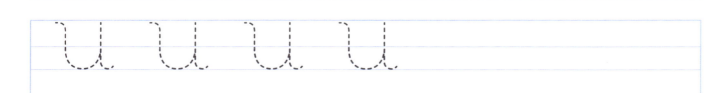

17

3 ▸ Ligue as letras correspondentes em cada coluna.

4 ▸ Circule as letras **u** – **U** nas palavras abaixo.

5 ▸ Escreva as letras **u** – **U** em letra cursiva.

6 ▸ Pesquise, em jornais e revistas, palavras com **u** – **U**. Recorte-as e cole-as no espaço a seguir.

NOME: _____ DATA: _____

O que é, o que é?

Branquinho, brancão
Não tem porta
Nem portão.

  Adivinha.

OVO

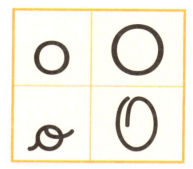

1 ▸ Pinte as figuras cujos nomes começam com a letra **O**.

2 ▸ Cubra o tracejado e continue fazendo a letra o – O.

19

3 ▸ Ligue as letras correspondentes em cada coluna.

4 ▸ Circule as letras **o** – **O** nas palavras abaixo.

escova   **ovelha**   **OVO**

osso   **DADO**   Oto

5 ▸ Escreva as letras **o** – **O** em letra cursiva.

o _____

O _____

6 ▸ Pesquise, em jornais e revistas, palavras com **o** – **O**. Recorte-as e cole-as no espaço a seguir.

NOME: _____ DATA: _____

Revisando as vogais

1 Complete o texto com as letras **A**, **E**, **I**, **O**, **U** e leia a parlenda.

A, _____, _____ minha abelhinha

E, _____, _____ minha escovinha

I, _____, _____ índio já chegou

O, _____, _____ óculos da vovó

U, _____, _____ seu urubu.

Parlenda.

2 Ligue cada figura a seu nome.

osso

igreja

abelha

escova

uva

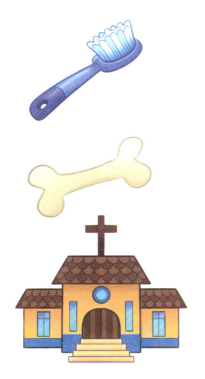

21

3 Cubra os tracejados e escreva as vogais nos quadros em branco.

| Aa | Ee | Ii | Oo | Uu |

4 Algumas vogais podem ficar juntas e formar palavras! Ligue as palavras iguais.

ai   ao
ui   oi
ia   eu
ao   ei
ei   ia
oi   ui
eu   ai

5 Observe os modelos, cubra os tracejados e copie as palavras.

oi   oi   oi   _____

ai   ai   ai   _____

eu   eu   eu   _____

ia   ia   ia   _____

uai   uai   uai   _____

NOME: _____ DATA: _____

Periquito Maracanã

Periquito Maracanã
Cadê a sua laiá
Faz um ano, faz um dia
Que eu não vejo
Ela passar.

Cantiga.

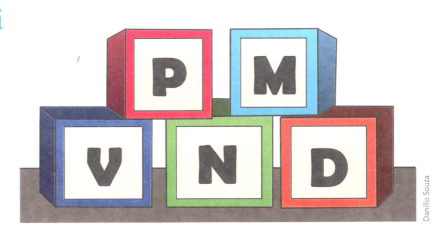

1. Circule na cantiga as palavras com **p**, **m**, **v**, **n** e **d**.

2. Ligue cada figura à letra inicial do nome dela.

p   m   v   n   d

3 Observe as letras e cubra o tracejado.

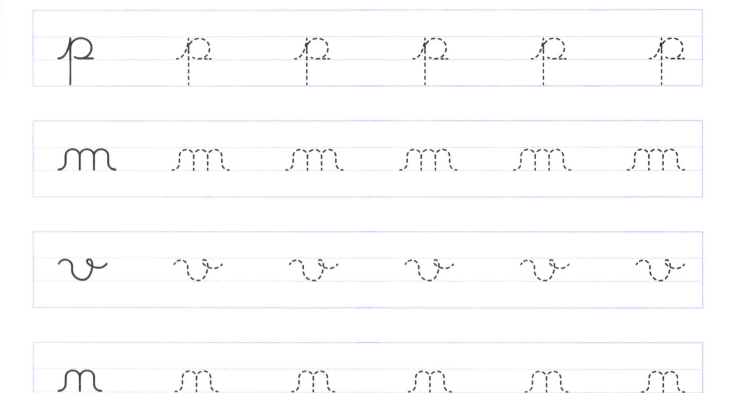

4 Observe as letras, ligue as correspondentes e copie-as.

NOME: _____ DATA: _____

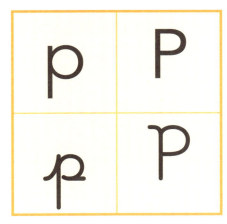

papai

1 ▶ Pinte as figuras cujos nomes começam com a letra em destaque.

2 ▶ Observe, cubra o tracejado e escreva com letra cursiva.

| p | pa | pe | pi | po | pu |

| P | Pa | Pe | Pi | Po | Pu |

25

3 ▸ Leia as palavras, ligue as correspondentes e copie-as.

Pepe — piou _____

pipa — papai _____

piou — popa _____

papo — Pepe _____

pai — pipa _____

papai — pai _____

popa — papo _____

4 ▸ Observe as imagens e complete as palavras com *pa*, *pe*, *pi*, *po* ou *pu*.

_____ pa   _____ pai   _____ ma

5 ▸ Leia as palavras, ligue a figura ao respectivo nome e escreva-o.

pá
pipa
papai _____

pé
pia
popa _____

NOME: _____ DATA: _____

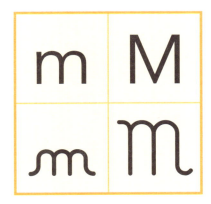

mamãe

1 ▸ Pinte os desenhos cujos nomes começam com a letra em destaque.

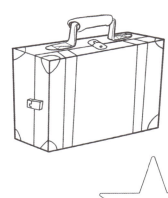

2 ▸ Observe, cubra o tracejado e escreva com letra cursiva.

| m | ma | me | mi | mo | mu |

| M | Ma | Me | Mi | Mo | Mu |

3 ▸ Leia as palavras, ligue as correspondentes e copie-as.

mamãe	meia	_____
ema	mama	_____
mapa	maio	_____
Mimi	ema	_____
meia	mamãe	_____
mama	mapa	_____
maio	Mimi	_____

4 ▸ Observe as imagens e complete as palavras com *ma*, *me*, *mi*, *mo* ou *mu*.

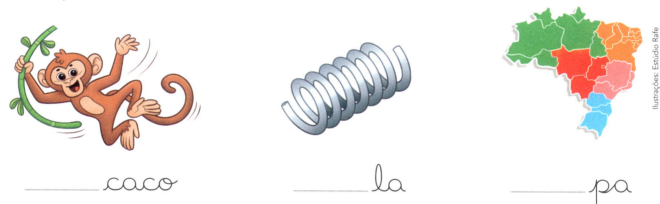

_____ caco   _____ la   _____ pa

5 ▸ Leia as palavras, ligue a figura ao respectivo nome e escreva-o.

meia		amo	
ema		mamãe	
pipa		pau	
mão	_____	mapa	_____

NOME: _____ DATA: _____

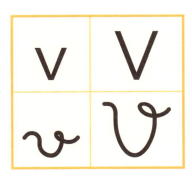

vovó

1 ▶ Pinte os desenhos cujos nomes começam com a letra em destaque.

2 ▶ Observe, cubra o tracejado e escreva com letra cursiva.

v	va	ve	vi	vo	vu
V	Va	Ve	Vi	Vo	Vu

3) Leia as palavras, ligue as correspondentes e copie-as.

povo	vovó	_____
voa	ovo	_____
pavio	povo	_____
uva	vivo	_____
vivo	voa	_____
vovó	pavio	_____
ovo	uva	_____

4) Observe as imagens e complete as palavras com *va*, *ve*, *vi*, *vo* ou *vu*.

a_____   o_____   u_____

5) Leia as palavras, ligue a figura ao respectivo nome e escreva-o.

pavio		Vavá	
viva		vovô	
pavão		avião	
ave _____		voa _____	

NOME: _____ DATA: _____

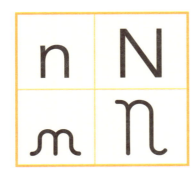

n**e**ném

1 ▸ Pinte os desenhos cujos nomes começam com a letra em destaque.

2 ▸ Observe, cubra o tracejado e escreva com letra cursiva.

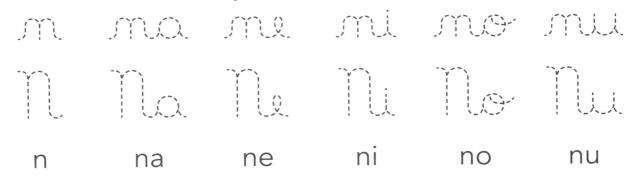

| n | na | ne | ni | no | nu |

| N | Na | Ne | Ni | No | Nu |

3 ▸ Leia as palavras, ligue as correspondentes e copie-as.

menina   nome   _____

nove   pena   _____

Nina   navio   _____

pena   ano   _____

nome   nove   _____

ano   menina   _____

navio   Nina   _____

4 ▸ Observe as imagens e complete as palavras com *ma*, *me*, *mi*, *mo* ou *mu*.

ba____na   pia____   me____na

5 ▸ Leia as palavras, ligue a figura ao respectivo nome e escreva-o.

neve
pano
nove
menina _____

pena
nave
navio
Nina _____

NOME: _____ DATA: _____

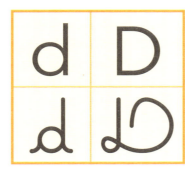

dedo

Atividades

1 ▸ Pinte os desenhos cujos nomes começam com a letra em destaque.

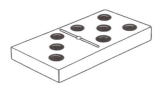

d D

2 ▸ Observe, cubra o tracejado e escreva com letra cursiva.

| d | da | de | di | do | du |

_____

| D | Da | De | Di | Do | Du |

_____

33

3. Leia as palavras, ligue as correspondentes e copie-as.

dado   idade   _____

Diva   dia   _____

moda   moeda   _____

vida   dado   _____

moeda   Diva   _____

idade   vida   _____

dia   moda   _____

4. Observe as imagens e complete as palavras com **da**, **de**, **di**, **do** ou **du**.

____minó   ____nossauro   ____do

5. Leia as palavras, ligue a figura ao respectivo nome e escreva-o.

idade		dono	
Diva		vida	
dia		dedo	
moeda	_____	nada	_____

NOME: _____ DATA: _____

Revisando o que foi estudado

 **Vamos cantar**

Como vai

Bom dia, amiguinho,
Como vai?
E a nossa amizade,
Como vai?
Faremos o possível
Para sermos bons amigos.
Bom dia, amiguinho,
Como vai?

Cantiga.

Estúdio Rafe

 **Atividades**

1. Circule na cantiga as palavras com **p**, **m**, **v**, **n** e **d**.
2. Observe o modelo, desembaralhe as sílabas e forme palavras.

| vão | |
| | pa |

 pavão

| nó | mi |
| | do |

_____

| na | ni |
| | me |

_____

| me | |
| | no |

_____

| vi | |
| | Da |

_____

| ve | |
| | no |

_____

3 ▸ Observe cada figura e escreva o número na palavra correspondente.

4 ▸ Escreva as frases dando nome às figuras.

NOME: _____ DATA: _____

Revisando o que foi estudado

1 ▸ Ditado de palavras.

1 - _____   6 - _____

2 - _____   7 - _____

3 - _____   8 - _____

4 - _____   9 - _____

5 - _____   10 - _____

2 ▸ Separe as sílabas, conte as letras de cada palavra e escreva o número que representa essa quantidade.

moeda

papai

novidade

vovô

dominó

mamãe

pomada

3 ▸ Pesquise, em jornais e revistas, palavras com **p**, **m**, **v**, **n** e **d**. Recorte-as e cole-as no espaço a seguir.

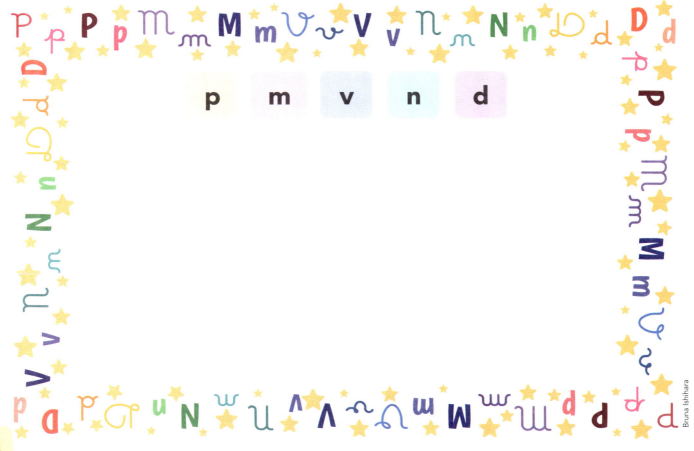

NOME: _____ DATA: _____

 **Vamos cantar**

Pirulito que bate, bate

Pirulito que bate, bate,
Pirulito que já bateu.
Quem gosta de mim é ela,
Quem gosta dela sou eu.

Cantiga.

 **Atividades**

1 ▸ Circule na cantiga as palavras com **r**, **s**, **b**, **t** e **l**.

2 ▸ Ligue cada figura à letra inicial do nome dela e pinte.

r   s   b   t   l

3 ▸ Observe as letras e cubra o tracejado.

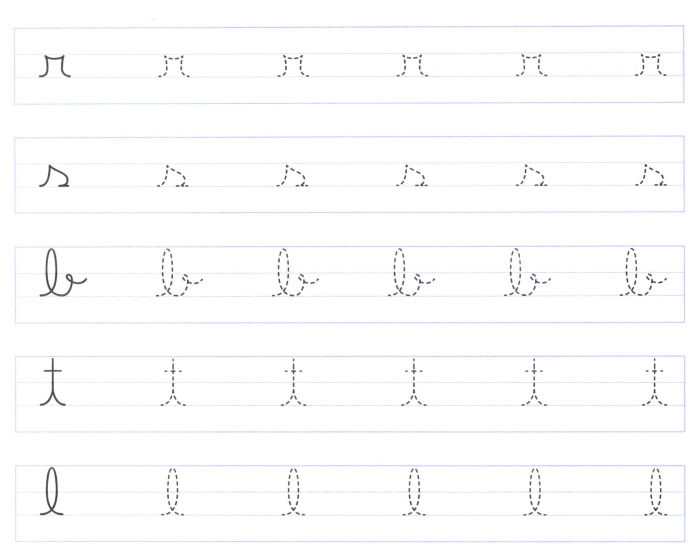

4 ▸ Observe as letras, ligue as correspondentes e copie-as.

r   b

s   t

b   r

t   l

l   s

NOME: _____ DATA: _____

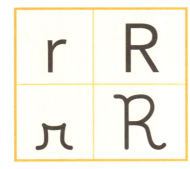

roda

1 ▸ Pinte os desenhos cujos nomes começam com a letra em destaque.

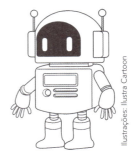

2 ▸ Observe, cubra o tracejado e escreva com letra cursiva.

r	ra	re	ri	ro	ru
R	Ra	Re	Ri	Ro	Ru

41

3 ▸ Leia as palavras, ligue as correspondentes e copie-as.

raio	rádio	_____
roupa	rio	_____
remédio	raio	_____
Rui	roupa	_____
remo	remédio	_____
rio	Rui	_____
rádio	remo	_____

4 ▸ Observe as imagens e complete as palavras com ra, re, ri, ro ou ru.

_____mo   _____da   _____dio

5 ▸ Leia as palavras, ligue a figura ao respectivo nome e escreva-o.

roda		rodo	
robô		rio	
rei		rede	
rádio	_____	remo	_____

NOME: _____ DATA: _____

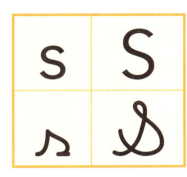

sino

Atividades

1. Pinte os desenhos cujos nomes começam com a letra em destaque.

2. Observe, cubra o tracejado e escreva com letra cursiva.

s	sa	se	si	so	su
S	Sa	Se	Si	So	Su

3 ▸ Leia as palavras, ligue as correspondentes e copie-as.

soda	suado	_____
saúde	Simão	_____
sede	saiu	_____
Simão	saúde	_____
soma	soda	_____
suado	soma	_____
saiu	sede	_____

4 ▸ Observe as imagens e complete as palavras com *sa*, *se*, *si*, *so* ou *su*.

_____pa   _____no   _____ia

5 ▸ Leia as palavras, ligue a figura ao respectivo nome e escreva-o.

saúva		sopa	
rádio		saia	
Simone		viúva	
selo	_____	Sávio	_____

44

NOME: _____ DATA: _____

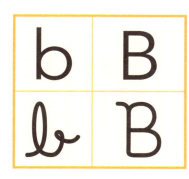

boi

Atividades

1▸ Pinte os desenhos cujos nomes começam com a letra em destaque.

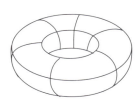

b B

2▸ Observe, cubra o tracejado e escreva com letra cursiva.

b	ba	be	bi	bo	bu
B	Ba	Be	Bi	Bo	Bu
b	ba	be	bi	bo	bu
B	Ba	Be	Bi	Bo	Bu

3 ▸ Leia as palavras, ligue as correspondentes e copie-as.

bebida   *baú*   _____

bebê   *boi*   _____

boa   *sabão*   _____

sabão   *bebe*   _____

baú   *bebida*   _____

bebe   *boa*   _____

boi   *bebê*   _____

4 ▸ Observe as imagens e complete as palavras com *ba*, *be*, *bi*, *bo* ou *bu*.

_____ de   _____ bê   _____ le

5 ▸ Leia as palavras, ligue a figura ao respectivo nome e escreva-o.

bode
bia
baú
bata _____

boa
bebe
boné
boi _____

NOME: _____ DATA: _____

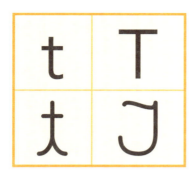

tucano

1 ▸ Pinte os desenhos cujos nomes começam com a letra em destaque.

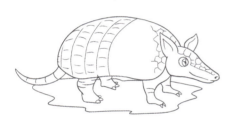

2 ▸ Observe, cubra o tracejado e escreva com letra cursiva.

t	ta	te	ti	to	tu
T	Ta	Te	Ti	To	Tu

3 ▸ Leia as palavras, ligue as correspondentes e copie-as.

Tito	sapato	_____
apito	Tina	_____
tomada	tomate	_____
tapete	apito	_____
sapato	tomada	_____
Tina	Tito	_____
tomate	tapete	_____

4 ▸ Observe as imagens e complete as palavras com *ta, te, ti, to* ou *tu*.

sabone_____   _____mada   _____cano

5 ▸ Leia as palavras, ligue a figura ao respectivo nome e escreva-o.

tia	pateta
mato	teto
tomate	tatu
teia _____	tapete _____

48

NOME: _____ DATA: _____

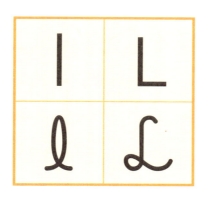

luva

Atividades

1) Pinte os desenhos cujos nomes começam com a letra em destaque.

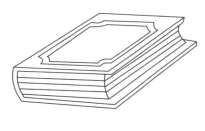

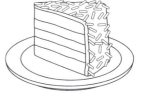

2) Observe, cubra o tracejado e escreva com letra cursiva.

| l | la | le | li | lo | lu |

| L | La | Le | Li | Lo | Lu |

| l | la | le | li | lo | lu |

_____ _____ _____ _____ _____ _____

| L | La | Le | Li | Lo | Lu |

_____ _____ _____ _____ _____ _____

49

3 ▸ Leia as palavras, ligue as correspondentes e copie-as.

salada	lata	_____
leite	violão	_____
Luana	luva	_____
violão	lei	_____
luva	salada	_____
lata	leite	_____
lei	Luana	_____

4 ▸ Observe as imagens e complete as palavras com *la*, *le*, *li*, *lo* ou *lu*.

  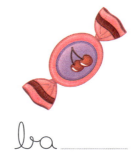

_____ mão   _____ pa   ba _____

5 ▸ Leia as palavras, ligue a figura ao respectivo nome e escreva-o.

lata		limão	
lama		luta	
vela		bola	
lua _____		luva _____	

50

NOME: _____ DATA: _____

Revisando o que foi estudado

Sai piaba

Sai, sai, sai ô piaba
Sai lá da lagoa
Sai, sai, sai ô piaba
Sai lá da lagoa.

Bota a mão na cabeça
Outra na cintura
Dá um remelexo no corpo
Dá um abraço no outro.

Cantiga.

1. Circule na cantiga as palavras com **r**, **s**, **b**, **t** e **l**.

2. Desembaralhe as sílabas e forme palavras.

(bo ta ni)   (tu ta)   (va lu)

_____   _____   _____

(la bo)   (mão Si)   (no si)

51

3 ▸ Encontre no diagrama o nome das figuras abaixo e escreva-o, conforme modelo.

bolo _____

_____ _____

_____ _____

P	A	T	O	U	Á	P	B	E
N	I	L	E	Ã	O	L	E	J
A	S	G	E	R	L	I	S	A
S	A	K	A	M	H	K	A	N
S	O	D	V	I	O	L	Ã	O
A	C	R	E	M	L	M	L	I
V	P	A	L	I	T	O	G	O
V	L	G	U	J	H	G	O	J
F	L	M	B	O	L	O	A	E
M	R	A	T	O	R	A	S	J
L	P	I	A	M	Z	I	A	M

4 ▸ Reescreva as frases dando nome às figuras.

a) A  é de Sávio.

_____

b) A  é da mamãe.

_____

c) A é de .

_____

NOME: _____ DATA: _____

1) Ditado de palavras.

1 – _____ 2 – _____

3 – _____ 4 – _____

5 – _____ 6 – _____

7 – _____ 8 – _____

2 ▸ Separe as sílabas, conte as letras de cada palavra e escreva o número que representa essa quantidade.

Renato _____ _____ _____

Leia _____ _____ _____

tomada _____ _____ _____

apito _____ _____ _____

saúva _____ _____ _____

mato _____ _____ _____

bebida _____ _____ _____

3 ▸ Pesquise, em jornais e revistas, palavras com **r**, **s**, **b**, **t** e **l**. Recorte-as e cole-as no espaço a seguir.

Bruna Ishihara

NOME: _____   DATA: _____

C de Caio e **c** de cão.
G de Guto e **g** de gato.
J de João e **j** de jamelão.
F de Fábio e **f** de foto.
Z de Zeca e **z** de zangão.
X de Xuxa e **x** de xodó.

Texto escrito especialmente para essa obra.

1 ▸ Circule no texto as palavras com **c**, **g**, **j**, **f**, **z** e **x**.

2 ▸ Complete as palavras com *c*, *g*, *j*, *f*, *z* e *x*.

___ato   ___ícara   ___acaré

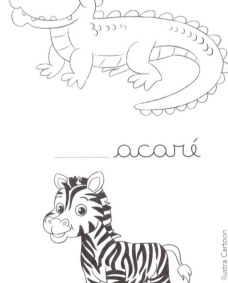

___ada   ___aneta   ___ebra

55

3 ▸ Observe as letras e cubra o tracejado.

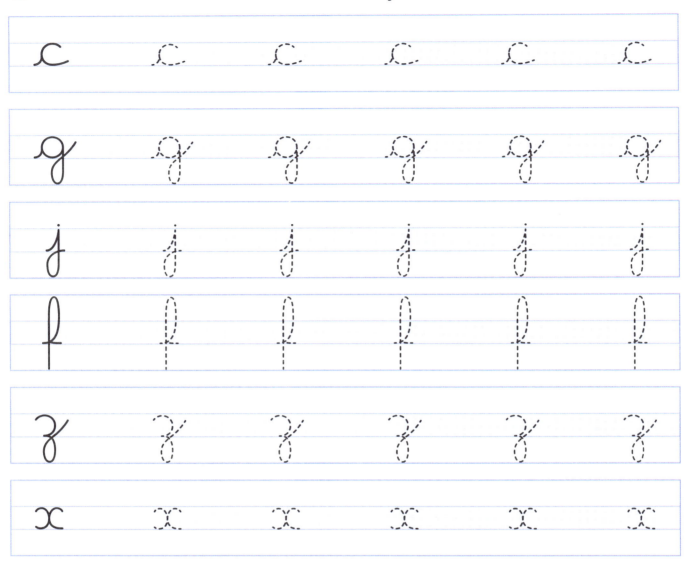

4 ▸ Observe as letras, ligue as correspondentes e copie-as.

c   j

g   f

j   x

f   g

z   z

x   c

NOME: _____ DATA: _____

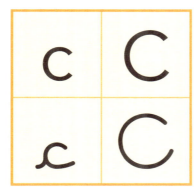 

coco

Atividades

1 ▶ Pinte os desenhos cujos nomes começam com a letra em destaque.

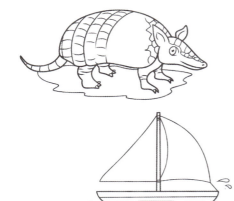  

2 ▶ Observe, cubra o tracejado e escreva com letra cursiva.

c   ca   co   cu

C   Ca   Co   Cu

3 ▸ Leia as palavras, ligue as correspondentes e copie-as.

cocada — bico _____

cueca — Camila _____

sacola — coco _____

bico — cueca _____

Camila — cabide _____

coco — cocada _____

cabide — sacola _____

4 ▸ Observe as imagens e complete as palavras com *ca*, *co* ou *cu*.

____tia   va____   maca____

Ilustrações: Estúdio Rafe

5 ▸ Leia as palavras, ligue a figura ao respectivo nome e escreva-o.

capa	cuidado
cuíca	cuco
camelo	cadeado
copo _____	cola _____

Ilustrações: Bruna Ishihara

NOME: _____ DATA: _____

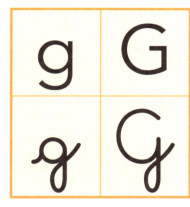

galo

1 ▶ Pinte os desenhos cujos nomes começam com a letra em destaque.

2 ▶ Observe, cubra o tracejado e escreva com letra cursiva.

g   ga   go   gu

_____   _____   _____   _____

G   Ga   Go   Gu

_____   _____   _____   _____

3 ▸ Leia as palavras, ligue as correspondentes e copie-as.

papagaio	gato	_____
goiaba	colega	_____
Guga	legume	_____
gado	Guga	_____
colega	papagaio	_____
gato	gado	_____
legume	goiaba	_____

4 ▸ Observe as imagens e complete as palavras com *ga*, *go* ou *gu*.

_____iaba   _____de   _____veta

5 ▸ Leia as palavras, ligue a figura ao respectivo nome e escreva-o.

goma

agudo

bigode

galo _____

gola

goiaba

gota

gato _____

NOME: _____ DATA: _____

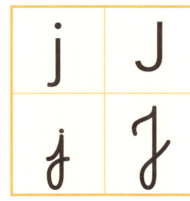

janela

1▶ Pinte os desenhos cujos nomes começam com a letra em destaque.

2▶ Observe, cubra o tracejado e escreva com letra cursiva.

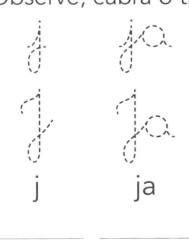

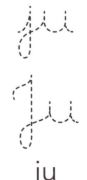

j   ja   je   ji   jo   ju

J   Ja   Je   Ji   Jo   Ju

3 ▸ Leia as palavras, ligue as correspondentes e copie-as.

janela — tijolo _____

jipe — jiló _____

jujuba — jaca _____

tijolo — janela _____

Juliana — jipe _____

jiló — jujuba _____

jaca — Juliana _____

4 ▸ Observe as imagens e complete as palavras com *ja*, *je*, *ji*, *jo* ou *ju*.

ca____

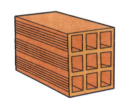

____boia

ti____lo

5 ▸ Leia as palavras, ligue a figura ao respectivo nome e escreva-o.

sujo

Juca

jabuti

jogo _____

jabuticaba

jaca

cajá

jiló _____

NOME: _____ DATA: _____

Revisando o que foi estudado

1. Ditado de palavras.

2. Separe as sílabas, conte as letras e escreva o número que representa essa quantidade.

TIJOLO

CAJU

BIGODE

3 ▶ Observe as imagens e os números e complete o diagrama com o nome delas.

NOME: _____ DATA: _____

fada

1 ▸ Pinte os desenhos cujos nomes começam com a letra em destaque.

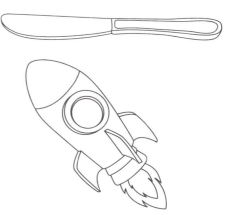

2 ▸ Observe, cubra o tracejado e escreva com letra cursiva.

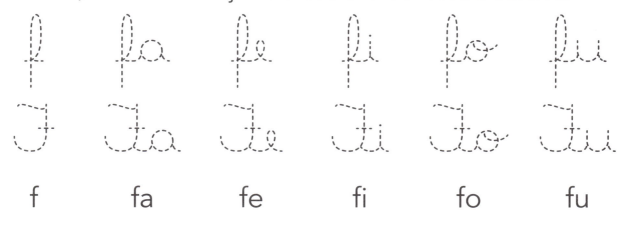

| f | fa | fe | fi | fo | fu |

_____ _____ _____ _____ _____ _____

| F | Fa | Fe | Fi | Fo | Fu |

_____ _____ _____ _____ _____ _____

3 ▸ Leia as palavras, ligue as correspondentes e copie-as.

Fabiana	fada	_____
feijão	fivela	_____
fita	fofoca	_____
fivela	fubá	_____
fubá	fita	_____
fada	Fabiana	_____
fofoca	feijão	_____

4 ▸ Observe as imagens e complete as palavras com *fa*, *fe*, *fi*, *fo* ou *fu*.

_____gão   _____vela   _____ca

5 ▸ Leia as palavras, ligue a figura ao respectivo nome e escreva-o.

fé		telefone	
bife		fome	
foca		favela	
figa		figo	

NOME: _____ DATA: _____

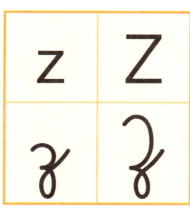

zebu

1 ▸ Pinte os desenhos cujos nomes começam com a letra em destaque.

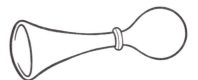
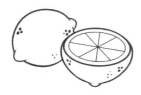
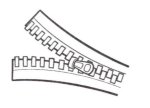

2 ▸ Observe, cubra o tracejado e escreva com letra cursiva.

| z | za | ze | zi | zo | zu |

| Z | Za | Ze | Zi | Zo | Zu |

3) Leia as palavras, ligue as correspondentes e copie-as.

Zuleica	azeite	_____
dezena	zebu	_____
amizade	beleza	_____
beleza	Zuleica	_____
azeite	buzina	_____
buzina	dezena	_____
zebu	amizade	_____

4) Observe as imagens e complete as palavras com *za*, *ze*, *zi*, *zo* ou *zu*.

bu____na   a____lão   ____bu

Ilustrações: Danillo Souza

5) Leia as palavras, ligue a figura ao respectivo nome e escreva-o.

vazio		zico
dúzia		azedo
Zeca		zona
reza		Zélia

Ilustrações: Estúdio Rafe

NOME: _____ DATA: _____

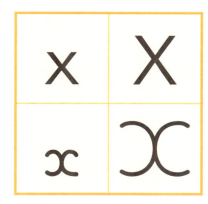

xale

Atividades

1) Pinte os desenhos cujos nomes começam com a letra em destaque.

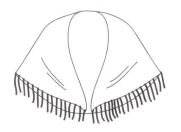

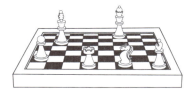

2) Observe, cubra o tracejado e escreva com letra cursiva.

     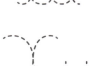

| x | xa | xe | xi | xo | xu |

| X | Xa | Xe | Xi | Xo | Xu |

3 Leia as palavras, ligue as correspondentes e copie-as.

abacaxi	ameixa	_____
peixe	Xuxa	_____
caixote	luxo	_____
Xuxa	caixote	_____
ameixa	faxina	_____
luxo	abacaxi	_____
faxina	peixe	_____

4 Observe as imagens e complete as palavras com xa, xe, xi, xo ou xu.

li_____   maxi_____   abaca_____

5 Leia as palavras, ligue a figura ao respectivo nome e escreva-o.

xilofone	faixa
luxo	coxa
lixa	roxo
peixe _____	caixa _____

NOME: _____ DATA: _____

Revisando o que foi estudado

Pixote

Pixote é um menino levado.
Ele mexeu na caixa de ameixa
E sujou o xale da vovó Xuxa.
A vovó Xuxa falou:
— Pixote, eu lavo o xale.

Texto escrito especialmente para essa obra.

1. Numere as cenas de acordo com o texto.

2. Complete cada frase de acordo com a cena. Use uma das palavras dos quadros.

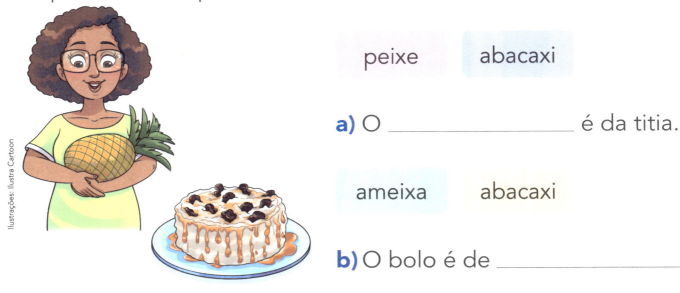

peixe   abacaxi

a) O _____ é da titia.

ameixa   abacaxi

b) O bolo é de _____.

3. Pinte o quadro que combina com a figura.

xale da vovó

xale da mamãe

xale do papai

4. Numere as figuras de acordo com as frases.

1 - A bexiga é da menina.   3 - A ameixa é boa.

2 - O lixo caiu.   4 - O xale é lindo.

NOME: _____ DATA: _____

Revisando o que foi estudado

O passeio do jacaré

O Jacaré foi passear lá na lagoa
Foi por aqui, foi por ali
Aí ele parou, olhou
Viu um peixinho, abriu a boca e ... NHAC
Pegou o peixinho

O Jacaré já foi embora da lagoa
Foi por aqui, foi por ali
Aí ele parou, deitou e dormiu...
Zzzzzz...

Cantiga.

1) Circule na cantiga todas as palavras com as letras **c**, **g**, **j**, **f**, **z** e **x** e escreva-as abaixo.

_____

_____

2) Separe as sílabas.

buzina

dezena

batizado

3 ▸ Observe as sílabas e os números e forme palavras.

ga	bi	pa	to	fo	lo	do	go	de
1	2	3	4	5	6	7	8	9

a) 1 + 7 _____

b) 1 + 6 _____

c) 3 + 4 _____

d) 3 + 8 + 9 _____

e) 1 + 4 _____

f) 1 + 8 _____

g) 5 + 4 _____

h) 2 + 8 + 9 _____

4 ▸ Complete as frases com o nome das figuras em destaque.

Ilustrações: Danillo Souza

a) O suco é de _____.

b) Jélia toca _____.

c) Vovó Xuxa comeu o _____.

d) O _____ é sujo.

NOME: _____ DATA: _____

Revisando o que foi estudado

1. Ditado de palavras.

1	2
3	4
5	6

2. Coloque **a** ou **o** antes das palavras.

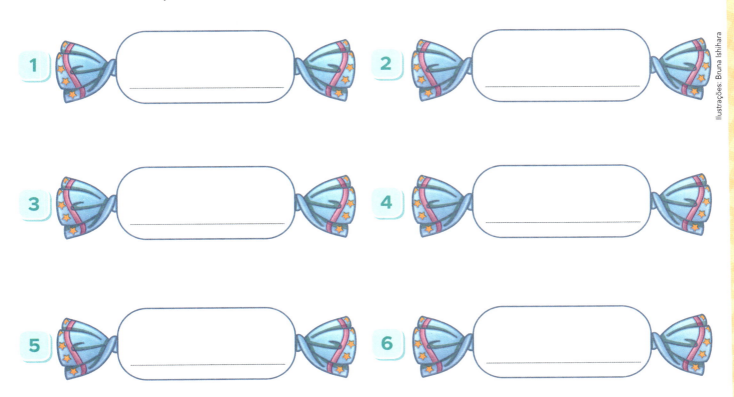

_____ cadeado   _____ jabuti   _____ caneta   _____ vaca

_____ peixe   _____ leão   _____ sacola   _____ faca

75

3 Forme frases com as palavras abaixo.

papagaio _____

telefone _____

colega _____

peixe _____

4 Pesquise em jornais, revistas ou folhetos palavras com as letras **c**, **g**, **j**, **f**, **z** e **x**. Recorte-as e cole-as no espaço a seguir.

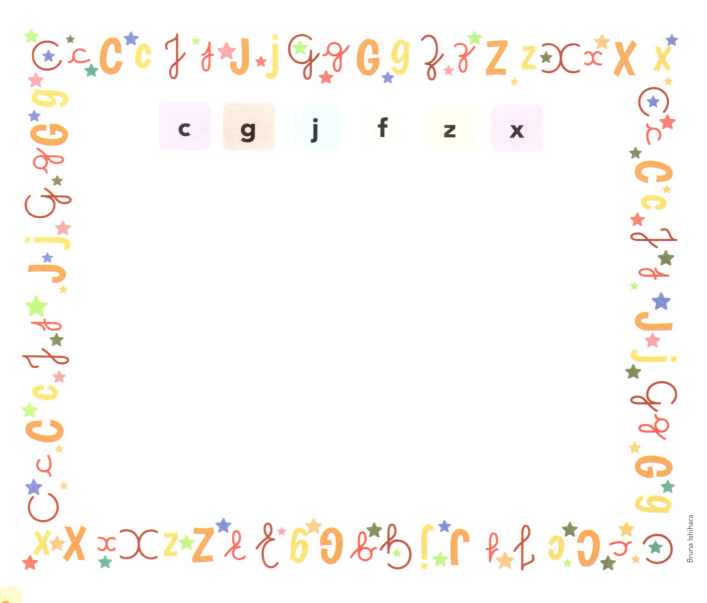

NOME: _____ DATA: _____

1) Observe as letras e cubra o tracejado.

2 Observe as imagens e ligue-as às letras **h**, **q**, **k**, **w** e **y**.

H

Q

K

W

Y

NOME: _____ DATA: _____

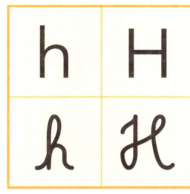

hipopótamo

1 ▸ Pinte os desenhos cujos nomes começam com a letra em destaque.

2 ▸ Observe, cubra o tracejado e escreva com letra cursiva.

| h | ha | he | hi | ho | hu |

| H | Ha | He | Hi | Ho | Hu |

3 ▸ Leia as palavras, ligue as correspondentes e copie-as.

humano	*hino*	_____
Helena	*hiena*	_____
hoje	*humano*	_____
holofote	*hábito*	_____
hiena	*Helena*	_____
hino	*hoje*	_____
hábito	*holofote*	_____

4 ▸ Observe as imagens e complete as palavras com *ha, he, hi, ho* ou *hu*.

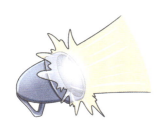 _____ lofote

 _____ popótamo

 _____ lice

5 ▸ Leia as palavras, ligue a figura ao respectivo nome e escreva-o.

harpa
hiena
Hugo
havia _____

Hélio
herói
hino
Helena _____

NOME: _____ DATA: _____

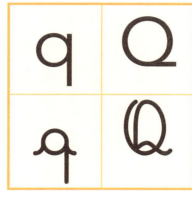

quiabo

1 ▸ Pinte os desenhos cujos nomes começam com a letra em destaque.

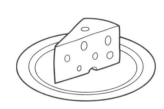

2 ▸ Observe, cubra o tracejado e escreva com letra cursiva.

    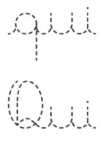

qu   que   qui   que   qui

Qu   Que   Qui   Que   Qui

3 ▶ Leia as palavras, ligue as correspondentes e copie-as.

moleque	leque	_____
quibe	Quico	_____
queijo	caqui	_____
Quico	moleque	_____
queda	queijo	_____
leque	queda	_____
caqui	quibe	_____

4 ▶ Observe as imagens e complete as palavras com *que* ou *qui*.

ra____te   peri____to   ____ijo

5 ▶ Leia as palavras, ligue a figura ao respectivo nome e escreva-o.

raquete		quilo	
queijo		quiabo	
leque		caqui	
quiabo _____		quibe _____	

NOME: _____ DATA: _____

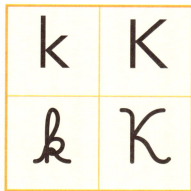 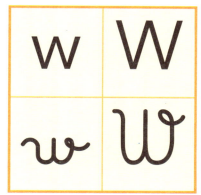 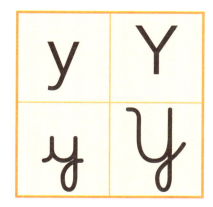

As letras **K**, **W** e **Y** pertencem ao nosso alfabeto. Elas são utilizadas em alguns casos, como nomes de origem estrangeira e símbolos de uso internacional.

- A letra **K** tem o som de **C**.
- A letra **W** tem o som de **U** ou de **V**.
- A letra **Y** tem o som de **I**.

A Kika caiu quicando
Kakito caiu de rir
Coitada da Kika caída
Kakito correu dali

Wanda navega na *web*
Weber navega no mar
Wanda vai e Weber vem
Vivem sempre a navegar

Yasmin no seu jardim
Cultiva jasmim carmim
Que pena que Yasmin
Não tem olhos para mim

Rosinha. **ABC do trava-língua**. São Paulo: Editora do Brasil, 2012. p. 15, 26 e 28.

1 Leia os trava-línguas e ligue as letras aos textos correspondentes.

Yasmin no seu jardim
Cultiva jasmim carmim
Que pena que Yasmin
Não tem olhos para mim

Wanda navega na web
Weber navega no mar
Wanda vai e Weber vem
Vivem sempre a navegar

A Kika caiu quicando
Kakito caiu de rir
Coitada da Kika caída
Kakito correu dali

Ilustrações: DAE

Rosinha. **ABC do trava-língua**. São Paulo: Editora do Brasil, 2012. p. 15, 26 e 28.

2 Leia os nomes, ligue os correspondentes e copie-os.

Karina	Waleska	_____
Kátia	Yan	_____
Yara	Karina	_____
Yvone	Kátia	_____
Yan	Yvone	_____
Wilson	Yara	_____
Waleska	Wilson	_____

NOME: _____ DATA: _____

Alfabeto

A B C D E F G H I J K L M
N O P Q R S T U V W X Y Z

1) Cubra o tracejado do alfabeto minúsculo.

a　　　b　　　c　　　d

e　　　f　　　g　　　h

i　　　j　　　k　　　l

m　　　n　　　o　　　p

q　　　r　　　s　　　t

u　　　v　　　w　　　x

　　　y　　　z

85

2 Cubra o tracejado do alfabeto maiúsculo.

A   B   C   D

E   F   G   H

I   J   K   L

M   N   O   P

Q   R   S   T

U   V   W   X

Y   Z

3 Complete o alfabeto minúsculo.

a   b   c   ___   e   ___   ___

___   i   ___   k   ___   ___   ___

o   ___   ___   r   ___   ___   ___

___   v   ___   x   ___   ___

NOME: _____ DATA: _____

Revisando o que foi estudado

 **Vamos ouvir**

Borboletrada

Uma certa borboletinha
Sentia-se boba e tristinha
quando resolveu brincar
com suas próprias letrinhas.
Ela, que se achava sozinha.
Logo convidou sua amiga poesia
e transformou em alegria
cada minuto do seu dia.
Descobriu como era divertida
a brincadeira de montar e desmontar,
criar novos sentidos
para as palavras que iria formar.

Dri Fóz. **Vamos navegar na poesia?** São Paulo: DCL, 2004. p. 9.

1 ▸ Circule no alfabeto as letras **k**, **w** e **y**.

| A | B | C | D | E | F | G | H | I | J | K | L | M |
| N | O | P | Q | R | S | T | U | V | W | X | Y | Z |

2 ▸ Complete o alfabeto maiúsculo.

𝒜 𝐵 ___ ___ ___ ___ 𝐹 ___

𝐻 ___ ___ 𝐽 ___ ___ ___ ___

𝒪 ___ ___ ___ ___ 𝒮 ___ ___

𝒰 𝒲 ___ ___ 𝒵

3 Escreva a letra inicial das palavras com **h**, **q**, **k**, **w** e **y**.

1 – ____araokê
2 – ____umano
3 – ____ueijo
4 – ____ipopótamo
5 – ____uiabo
6 – ____ino

7 – ____iwi
8 – ____etchup
9 – ____alter
10 – ____asmin
11 – ____uibe
12 – ____ago

4 Pesquise em jornais, revistas ou folhetos palavras com **h**, **q**, **k**, **w** e **y**. Recorte-as e cole-as no espaço a seguir.

h q k w y

NOME: _____ DATA: _____

Revisando o que foi estudado

1) Ditado de palavras.

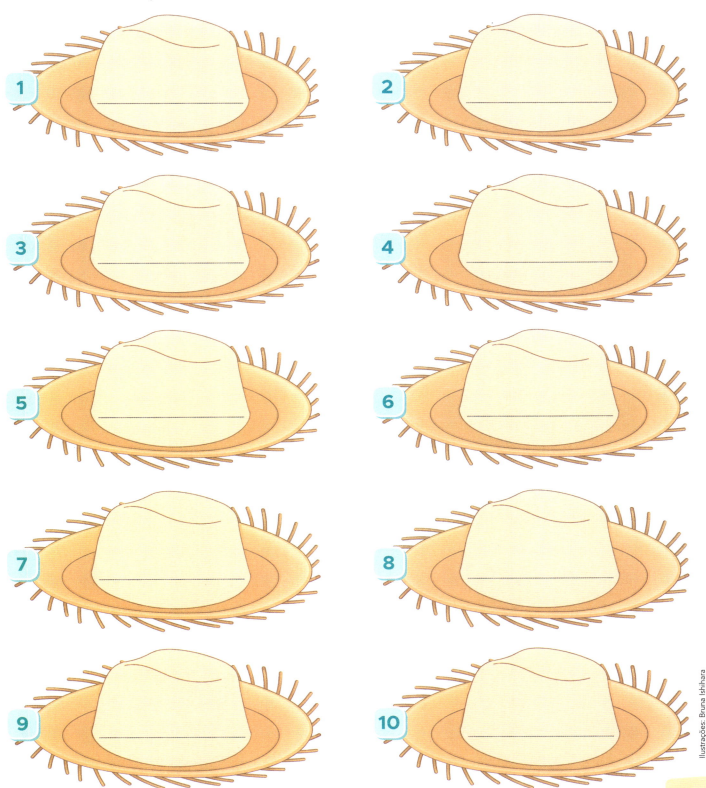

2 ▸ Encontre no diagrama as palavras abaixo.
- HOLOFOTE
- QUIBE
- YURI
- KIWI
- YAN
- SKATE

D	C	E	R	A	D	A	I	D	W
V	S	K	A	T	E	R	L	O	S
A	I	E	F	D	A	V	I	S	E
V	H	O	L	O	F	O	T	E	L
A	E	S	C	B	M	Z	A	E	I
Z	I	P	O	Z	É	M	Y	A	N
Q	U	I	B	E	H	T	R	H	B
E	A	B	I	N	A	D	A	B	E
C	D	G	E	T	Y	U	R	I	O
K	I	W	I	A	N	A	E	L	P

3 ▸ Coloque **a** ou **o** antes das palavras.

____ caqui   ____ hélice

____ hiena   ____ quibe

____ skate   ____ leque

____ raquete   ____ hino

____ ketchup   ____ queijo

____ Helena   ____ Yeda

____ kiwi   ____ queijada

NOME: _____ DATA: _____

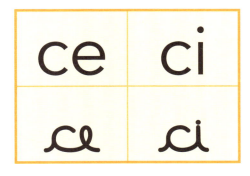

cidade

1 ▸ Observe as figuras e ligue-as ao nome correspondente.

cebola

capacete

cigana

2 ▸ Cubra o tracejado.

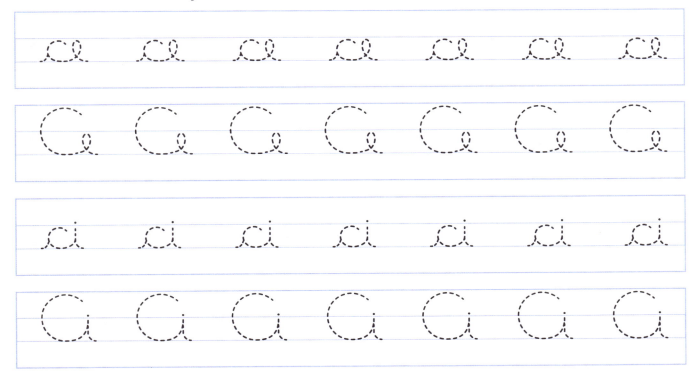

91

3 ▸ Leia as palavras, ligue as correspondentes e copie-as.

vacina   Celina   _____

cedo   cebola   _____

face   vacina   _____

doce   cinema   _____

Celina   cedo   _____

felicidade   doce   _____

cebola   face   _____

cinema   felicidade   _____

4 ▸ Observe as imagens e complete as palavras com *ce* ou *ci*.

____bola   va____na   capa____te

sa____   te____do   ____nema

5 ▸ Forme frases com as palavras abaixo.

cidade   macio

1 – _____

2 – _____

NOME: _____ DATA: _____

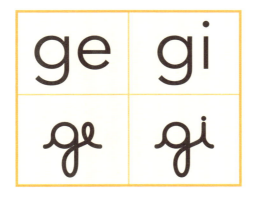

gelatina

1 ▸ Observe as figuras e ligue-as ao nome correspondente.

tigela

gelo

girafa

2 ▸ Cubra o tracejado.

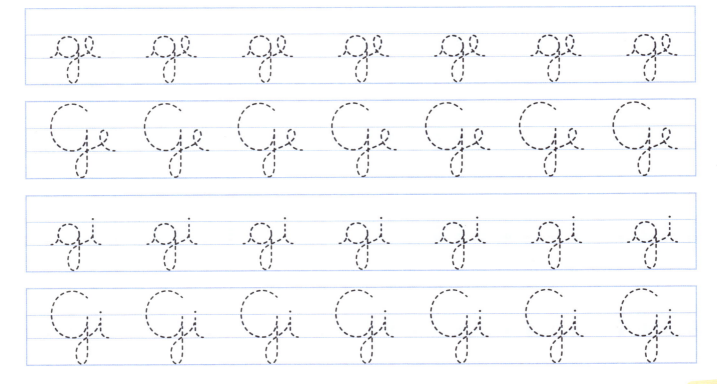

3 ▸ Leia as palavras, ligue as correspondentes e copie-as.

relógio — vigia
Regina — mágico
tigela — gelado
mágico — relógio
gêmeos — gema
vigia — Regina
gema — gêmeos
gelado — tigela

4 ▸ Observe as imagens e complete as palavras com *ge* ou *gi*.

___latina

___bi

___ma

má___co

___lo

reló___o

5 ▸ Escreva cada palavra na coluna correspondente.

gelatina
relógio – gema
gelo – mágico
tigela

ge	gi

NOME: _____ DATA: _____

Revisando o que foi estudado

 Vamos ouvir

Altos preparativos

João pica pão,
Maria mexe angu,
Teresa põe a mesa,
Tião limpa o chão,
Lia lava a pia,
Hugo tempera tudo,
Cida gela bebida,
Dasdores acerta as flores,
Fia tira fotografia
e um batalhão completa a ação.

Tudo no jeito,
prontinho e perfeito
pra posse do prefeito.

Elias José. **Segredinhos de amor**. 2. ed. São Paulo: Moderna, 2002. p. 32.

 Atividades

1 ▸ Encontre no texto palavras com **ce**, **ci**, **ge** e **gi** e escreva-as.

_____

2 ▸ Complete as palavras com *ce*, *ci*, *ge* ou *gi*.

pá___ma   ___bola   ___ma

ca___que   ___leia   sa___

3 Separe as sílabas das palavras abaixo.

felicidade _____

cedo _____

gemada _____

vacina _____

doce _____

gilete _____

cinema _____

Regina _____

4 Leia as frases abaixo.

1 - O nome da cigana é Regina.

2 - Célio foi ao cinema.

3 - Xuxa colocou gelo no suco.

4 - O relógio é do mágico.

5 - Cida comeu o doce.

5 Complete as frases abaixo de acordo com a atividade anterior.

1 - O nome da _____ é _____.

2 - _____ foi ao _____.

3 - Xuxa colocou _____ no suco.

4 - O _____ é do _____.

5 - _____ comeu o _____.

NOME: _____ DATA: _____

arara

Atividades

1▸ Observe as figuras e ligue-as ao nome correspondente.

barata

perereca

coruja

2▸ Leia as palavras a seguir e observe o som do r entre as vogais.

vara	areia	carioca
barata	careca	xerife
urubu	parede	marido

97

3 ▸ Leia as palavras, ligue as correspondentes e copie-as.

areia	colorida	_____
tarefa	pera	_____
perigo	siri	_____
marido	tarefa	_____
arara	areia	_____
pera	perigo	_____
colorida	arara	_____
siri	marido	_____

4 ▸ Observe as imagens e complete as palavras com *ra*, *re*, *ri*, *ro* ou *ru*.

ma_____cujá   co_____ja   ce_____ja

xíca_____   jaca_____   co_____a

5 ▸ Forme frases com as palavras abaixo.

pera _____

cenoura _____

fera _____

NOME: _____ DATA: _____

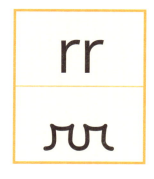

ca**rr**o

1) Observe as figuras e ligue-as ao nome correspondente.

garrafa

ferro

barraca

2) Leia as palavras a seguir e observe o som forte do rr entre as vogais.

barriga	jarra	ferro
corrida	serra	serrote
corria	barra	marreco
garrido	arrumadeira	terreno

3 Leia as palavras, ligue as correspondentes e copie-as.

burro	barro	_____
terra	marreco	_____
serra	socorro	_____
carrega	burro	_____
marreco	serra	_____
barro	correio	_____
correio	terra	_____
socorro	carrega	_____

4 Observe as imagens e complete as palavras com *rr*.

bu____o   maca____ão   to____ada

bete____aba   ja____a   mo____o

Ilustrações: Danillo Souza

5 Leia as palavras, acrescente um *r* nelas e forme novas palavras.

caro – _____

era – _____

coro – _____

fera – _____

NOME: _____ DATA: _____

Revisando o que foi estudado

1. Ditado de palavras com **r** e **rr**.

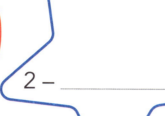

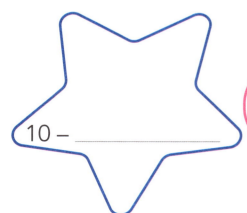

2 Observe as imagens e os números e complete o diagrama de palavras.

• 1
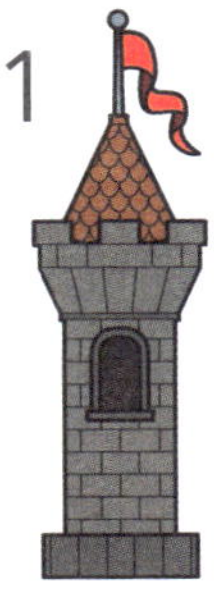

• 2
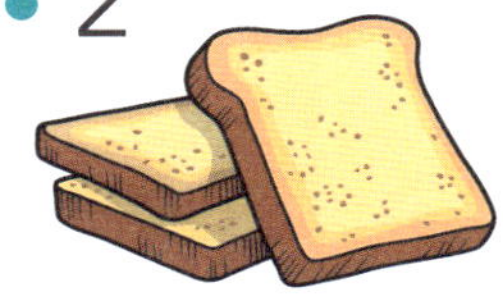

1
2 T
3 R
7
6
4 R U
5 A

• 7
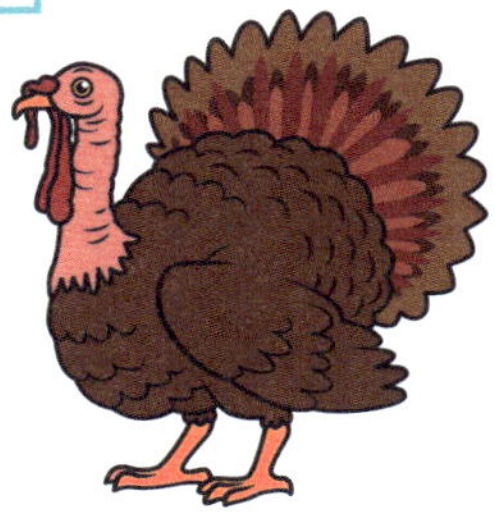

• 3
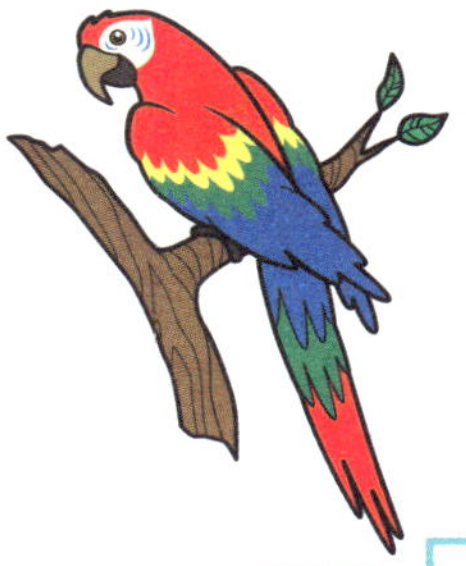

• 6
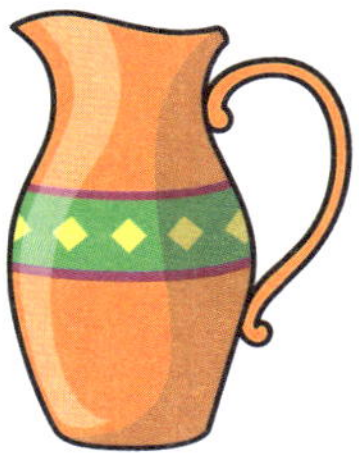

Ilustrações: Eduardo Belmiro

• 4
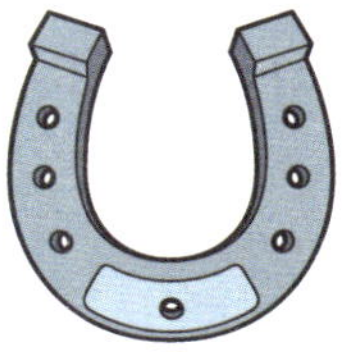

• 5
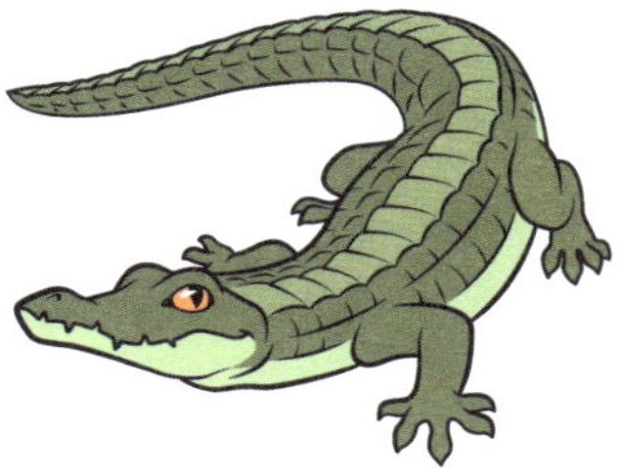

3 Leia as palavras e separe as sílabas.

erro ______ ______

marreco ______ ______ ______

terra ______ ______

carrapato ______ ______ ______ ______

cigarra ______ ______ ______

serra ______ ______

gorro ______ ______

corrida ______ ______ ______

NOME: _____ DATA: _____

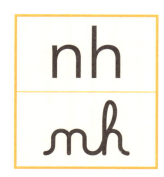

joani**nh**a

1) Observe as figuras e ligue-as ao nome correspondente.

galinha

passarinho

ninho

2) Leia as palavras a seguir.

linha	pinheiro	minha
ninho	dinheiro	banha
linho	gatinho	ovinho
ratinho	junho	patinho
vinho	galinho	carinho

103

3 ▸ Leia as palavras, ligue as correspondentes e copie-as.

dinheiro   caminho   _____

banho   sonho   _____

minhoca   cozinha   _____

vizinho   banho   _____

sonho   unha   _____

caminho   minhoca   _____

unha   dinheiro   _____

cozinha   vizinho   _____

4 ▸ Observe as imagens e complete as palavras com *nh*.

mi____o   ara____a   di____eiro

u____a   gali____a   mi____oca

5 ▸ Leia as palavras e separe as sílabas. Observe o modelo.

dinheiro | di | nhei | ro |

junho | | |

Ilustrações: Danillo Souza

NOME: _____ DATA: _____

Revisando o que foi estudado

 **Vamos ouvir**

Beija-flor

Beija-flor pequenininho
que beija a flor com carinho
me dá um pouco de amor,
que hoje estou tão sozinho...
Beija-flor pequenininho,
é certo que não sou flor,
mas eu quero um beijinho
que hoje estou tão sozinho...

Roseana Murray. **Poesia fora da estante para crianças.**
Porto Alegre: L&PM, 2003. p. 25.

 **Atividades**

1 ▸ Circule no poema todas as palavras com **nho** e escreva-as abaixo.

_____

_____

2 ▸ Ligue cada imagem ao nome correspondente.

geladeira   coruja

cinema   relógio

Saci   cenoura

105

3 Leia o texto a seguir.

A moto

O papai de Iuri tem uma moto amarela.
Iuri foi ao cinema na garupa da moto do papai.
O capacete de Iuri é colorido.
No cinema eles riram muito.

Texto escrito especialmente para esta obra.

4 Complete as frases de acordo com o texto.

O papai de _____ tem _____ moto _____.
Iuri foi ao _____ na _____ da _____ do papai.

5 Faça como no modelo.

girafa — girafas
ninho — _____
ferro — _____
cinema — _____
coruja — _____
galinha — _____
carro — _____
doce — _____
corrida — _____
vinho — _____

NOME: _____ DATA: _____

| an | en | in | on | un |
| an | en | in | on | un |

tinta

Atividades

1 ▸ Observe as figuras e ligue-as ao nome correspondente.

dente

manga

cinto

2 ▸ Leia as palavras a seguir.

dente	anjo	tinta
lindo	pente	santa
mundo	banda	fazenda
anda	onda	semente

3 ▸ Leia as palavras, ligue as correspondentes e copie-as.

semente — Antônio _____

onda — quente _____

mundo — índio _____

contente — semente _____

Antônio — onda _____

quente — fazenda _____

índio — contente _____

fazenda — mundo _____

4 ▸ Escreva o nome correspondente a cada imagem.

conto	ponte	índio
melancia	canto	anjo
cinto	pente	vento

_____   _____   _____

5 ▸ Acrescente a letra **n** e forme novas palavras. Siga o modelo.

mudo ⟶ mundo

pote _____   bode _____

cato _____   jato _____

nuca _____   seta _____

108

NOME: _____ DATA: _____

| am | em | im | om | um |

am em im om um

empada

Atividades

1 ▸ Observe as figuras e ligue-as ao nome correspondente.

tampa

bumbo

pomba

2 ▸ Leia as palavras a seguir.

bambu	bumbo	bom
limpeza	samba	sem
bem	empada	bombom
campo	bomba	tampa

109

3 Leia as palavras, ligue as correspondentes e copie-as.

garagem — bumbo — _____

samba — tempero — _____

limpo — campo — _____

tempero — homem — _____

pomba — samba — _____

bumbo — limpo — _____

homem — pomba — _____

campo — garagem — _____

4 Leia as palavras e circule a correspondente a cada imagem.

bombeiro   pudim   batom
amendoim   ontem   umbigo
bambu   bombom   limpo
nuvem   ampola   lâmpada

Ilustrações: Bruna Ishihara

5 Complete as palavras com *n* ou *m*.

ca___to   ta___pa

sa___ba   ge___te

bu___bo   e___pada

elefa___te   que___te

home___   bo___ba

NOME: _____ DATA: _____

a**qu**ário

Atividades

1ᐅ Observe as figuras e ligue-as ao nome correspondente.

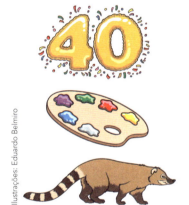

quarenta

quati

aquarela

2ᐅ Cubra os tracejados e escreva em letra cursiva.

qua qua _____ _____

quo quo _____ _____

3ᐅ Leia as palavras a seguir.

quati	aquarela	quando
quota	qualificado	quantidade
aquário	quarenta	quotidiano

111

4 ▸ Leia as palavras, ligue as correspondentes e copie-as.

quotidiano	quociente	_____
taquara	quati	_____
quando	taquara	_____
quota	qualidade	_____
aquarela	quando	_____
quociente	aquarela	_____
qualidade	quotidiano	_____
quati	quota	_____

5 ▸ Leia as palavras e separe as sílabas.

taquara _____ _____ _____

quarenta _____ _____ _____

quota _____ _____

qualidade _____ _____ _____ _____

aquário _____ _____ _____

aquarela _____ _____ _____ _____

6 ▸ Forme frases com as figuras abaixo.

NOME: _____ DATA: _____

fo**lh**a

Atividades

1 ▸ Observe as figuras e ligue-as ao nome correspondente.

olho

milho

ilha

2 ▸ Leia as palavras a seguir.

ilha	alho	ramalhete
olho	milho	bilhete
folha	velho	filhinho
palha	filho	abelhudo

113

3 ▸ Leia as palavras, ligue as correspondentes e copie-as.

abelha	filho	_____
orelhudo	toalha	_____
coelho	ramalhete	_____
bilhete	ovelha	_____
toalha	abelha	_____
ramalhete	coelho	_____
filho	orelhudo	_____
ovelha	bilhete	_____

4 ▸ Observe as imagens e complete as palavras com **lha**, **lhe**, **lhi**, **lho** ou **lhu**.

te_____do   mi_____   ove_____

rama_____te   fo_____   a_____

5 ▸ Separe as sílabas.

agulha _____   velho _____
olho _____   bilhete _____
malhado _____   julho _____
toalha _____   coelha _____

NOME: _____ DATA: _____

asa esa isa osa usa
asa esa isa osa usa

r**osa**

1 ▶ Observe as figuras e ligue-as ao nome correspondente.

asa

besouro

camisa

2 ▶ Leia as palavras a seguir.

rosa	mesa	gasolina
asa	defesa	música
casa	desenho	visita
camisa	desejo	tesouro

3 ▸ Leia as palavras, ligue as correspondentes e separe as sílabas.

Elisa	casaco	_____
gasolina	raposa	_____
risada	Neusa	_____
mesa	sorriso	_____
Neusa	gasolina	_____
casaco	Elisa	_____
sorriso	mesa	_____
raposa	risada	_____

4 ▸ Leia as palavras e circule a correspondente a cada imagem.

Ilustrações: Eduardo Belmiro

parafuso / desejo / casa / tesouro

usado / quase / risada / mesa

visita / raposa / riso / camisola

5 ▸ Leia as palavras e separe as sílabas.

guloso _____
asa _____
tesoura _____
maravilhoso _____
peso _____

NOME: _____ DATA: _____

Revisando o que foi estudado

 **Vamos ouvir**

Zum-zum-zum

Pro casamento do besouro
barata nenhuma foi convidada.
O altar tinha pétalas de ouro
e uma linda cortina bordada.
Se a quantidade de pétalas usadas
era quatro vezes maior
que as doze abelhas muito levadas,
adivinhe quem for melhor
quantas pétalas de ouro
tornaram a decoração esse tesouro?

Renata Bueno. **Poemas Problemas.** São Paulo: Editora do Brasil, 2012. p. 20.

 **Atividades**

1▸ Circule no poema todas as palavras com **asa**, **esa**, **isa**, **osa**, **usa** e **eso** e escreva-as abaixo.

_____

2▸ Sublinhe no poema todas as palavras com **an**, **en**, **in**, **on** e **un** e escreva-as abaixo.

_____

3 Responda de acordo com o texto.

a) Qual é o nome do texto?
_____

b) O casamento é de qual animal?
_____

c) Qual animal não foi convidado?
_____

4 Complete as frases de acordo com o texto.

[...] O altar tinha _____ de _____ e uma linda _____ bordada.

[...] adivinhe quem for _____ quantas _____ de ouro tornaram a _____ esse tesouro?

5 Faça como no modelo.

asa asinha

folha _____ cebola _____
carro _____ jacaré _____
mesa _____ dente _____
gato _____ tigela _____
girafa _____ ferro _____

NOME: _____ DATA: _____

6 ▸ Leia as palavras e escreva o par para elas. Observe o modelo.

> o pato ⟶ a pata

o papai _____
o rei _____
o menino _____
o rato _____
o homem _____
o galo _____

7 ▸ Complete as palavras com n ou m e, depois, escreva-as.

ci__to   de__te   bu__bo
_____ _____ _____

e__pada   bo__bom   elefa__te
_____ _____ _____

8 ▸ Leia as palavras e separe as sílabas.

quarenta _____
camisola _____
olho _____
mundo _____
quati _____
aquarela _____

119

9 ▸ Observe as imagens e os números e complete o diagrama.

	1		2				3
1	L		M				
4							R
5			A				

• 1 (lâmpada)
• 2 (mesa)
• 3 (aranha)
• 4 (tesoura)
• 5 (jarra)

10 ▸ Forme frases com o nome das figuras a seguir.

_____

_____

_____

_____

11 ▸ Siga as setas e forme palavras.

u   ca _____   xe   za _____
  ↘ ↗   ↘ ↗
   ru   re
  ↗ ↘   ↗ ↘
pe   bu _____   pu   ta _____

120

NOME: _____ DATA: _____

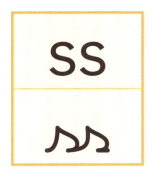

pá**ss**aro

Atividades

1) Observe as figuras e ligue-as ao nome correspondente.

osso

bússola

assado

2) Leia as palavras a seguir.

massa	osso	massinha
fossa	nosso	assado
missa	passinho	pássaro
dessa	vassoura	ossudo

3 ▸ Leia as palavras, ligue as correspondentes e copie-as.

pêssego	Vanessa	_____
vassoura	pessoa	_____
tosse	massa	_____
passarela	passeio	_____
massa	vassoura	_____
pessoa	tosse	_____
Vanessa	pêssego	_____
passeio	passarela	_____

4 ▸ Complete as palavras com s ou ss e, depois, escreva-as.

di____e   a____ilo   ma____a

____ino   mi____a   o____o

Lari____a   ca____a   pa____ado

5 ▸ Leia as palavras e separe as sílabas.

assar _____
sossegada _____
passado _____
disse _____
passarinho _____
assustado _____

NOME: _____ DATA: _____

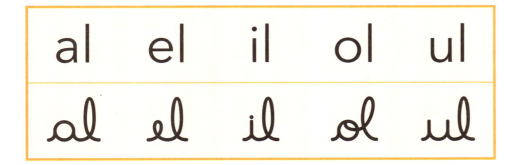

anel

Atividades

1) Observe as figuras e ligue-as ao nome correspondente.

balde

Sol

funil

2) Leia as palavras a seguir.

cal	anel	mil
mal	mel	pernil
alma	papel	filme
falta	soldado	último

123

3 ▸ Leia as palavras, ligue as correspondentes e copie-as.

soldado   *Vilma*   _____

azul   *hospital*   _____

almoço   *soldado*   _____

hospital   *almoço*   _____

hotel   *azul*   _____

Vilma   *hotel*   _____

Natal   *Natal*   _____

4 ▸ Complete o nome das figuras com *al*, *el*, *il*, *ol* ou *ul* e, depois, escreva-os.

*automóv*____   *carac*____   *barr*____

*pinc*____   *s*____*dado*   *carret*____

5 ▸ Complete as frases com as palavras em destaque.

anzol   *anel*

O _____ é do papai Raul.

Vilma ganhou um _____.

NOME: _____ DATA: _____

la**ço**

Atividades

1ª Observe as figuras e ligue-as ao nome correspondente.

palhaço

fumaça

açude

2ª Leia as palavras a seguir.

taça	caroço	poço
roça	bagaço	caçula
caça	pedaço	caçarola
moça	cabeça	açúcar

3 ▸ Leia as palavras, ligue as correspondentes e copie-as.

carroça	açúcar	_____
poço	cabeça	_____
caçula	Ciça	_____
pedaço	começo	_____
Ciça	poço	_____
açúcar	carroça	_____
começo	caçula	_____
cabeça	pedaço	_____

4 ▸ Complete o nome das figuras com c ou ç e escreva-os.

po___o   ___oruja   la___o

on___a   pipo___a   ma___a___o

Ilustrações: Eduardo Belmiro

5 ▸ Leia as palavras e separe as sílabas.

taça _____ _____

caroço _____ _____ _____

NOME: _____ DATA: _____

| ã | ãs | ão | ãos | ões |
| ã | ãs | ão | ãos | ões |

pi**ão**

1 ▸ Observe as figuras e ligue-as ao nome correspondente.

maçã

macarrão

balões

2 ▸ Leia as palavras a seguir.

pão	limão	mãos
lã	mamão	hortelã
mão	cães	vilões
avelã	irmãs	caminhões

127

3 ▸ Leia as palavras, ligue as correspondentes e copie-as.

coração	pão	_____
chão	lã	_____
aviões	feijão	_____
feijão	coração	_____
anão	fogões	_____
pão	chão	_____
fogões	aviões	_____
lã	anão	_____

4 ▸ Siga as setas, junte as sílabas e forme palavras.

a → vião _____
a → não _____

sa → bão _____
sa → lão _____

bo → lão _____
bo → tão _____

ga → tão _____
ga → lão _____

5 ▸ Forme frases com o nome das figuras abaixo.

_____
_____

_____
_____

NOME: _____ DATA: _____

Revisando o que foi estudado

Marcha soldado

Marcha soldado,
Cabeça de papel.
Se não marchar direito,
Vai preso pro quartel.

O quartel pegou fogo,
Francisco deu sinal.
Acode, acode, acode,
A Bandeira Nacional.

Cantiga.

1) Circule na cantiga todas as palavras com *al, el, il, ol* e *ul* e escreva-as abaixo.

_____

_____

2) Troque o **c** por **ç** e forme outras palavras. Veja o modelo:

louca → louça

forca _____   faca _____
marco _____   Cica _____

3 Complete as palavras com *s* ou *ss* e copie-as.

ca__aco   ma__a

va__oura   me__a

ca__a   gira__ol

pá__aro   o__o

a__a   parafu__o

4 Faça como no modelo.

o botão → os botões

o fogão

o avião

o leão

o pião

o coração

o balão

5 Encontre as palavras no diagrama.

OSSO ✓
AVIÃO
VASO
VASSOURA
ALFINETE
MESA
MASSA
ASA

T	E	J	A	L	F	I	N	E	T	E	A
M	A	V	A	S	S	O	U	R	A	N	V
I	P	H	S	N	A	G	A	S	A	S	I
O	S	S	O	B	D	T	I	V	M	Y	Ã
T	B	F	M	E	S	A	Q	A	Z	W	O
U	E	Y	F	M	S	V	O	W	J	Y	P
N	V	A	S	O	G	X	R	C	K	B	L
L	M	B	N	M	A	S	S	A	J	X	R

NOME: _____ DATA: _____

| gue | Gue | gui | Gui |
| gue | Gue | gui | Gui |

guitarra

Atividades

1) Observe as figuras e ligue-as ao nome correspondente.

pinguim

fogueira

foguete

2) Leia as palavras a seguir.

guerra	figueira	guia
foguete	mangueira	guizo
peguei	Miguel	guitarra
fogueira	formigueiro	guerreiro

3 ▸ Leia as palavras, ligue as correspondentes e copie-as.

guerreiro	pague	_____
águia	figueira	_____
gagueja	guerreiro	_____
pessegueiro	águia	_____
Guido	jegue	_____
pague	gagueja	_____
figueira	pessegueiro	_____
jegue	Guido	_____

4 ▸ Observe as imagens e complete as palavras com *que* ou *gui*.

caran____jo   ____ndaste   man____ira

____tarra   fo____te   á____a

Ilustrações: Eduardo Belmiro

5 ▸ Faça como no modelo.

> fogo → foguinho

manga _____   figa _____

amigo _____   pêssego _____

NOME: _____ DATA: _____

| gua | Gua | guo | Guo |
| gua | Gua | guo | Guo |

guaraná

Atividades

1 ▶ Observe as figuras e ligue-as ao nome correspondente.

água

guaiamum

régua

2 ▶ Leia as palavras a seguir.

aguapé	égua	língua
guache	jaguatirica	guaiamum
guarani	aguou	aguaceiro
enxaguou	Guanabara	guache

133

3 ▸ Leia as palavras, ligue as correspondentes e copie-as.

aguado — guaraná _____

enxaguou — aguapé _____

guarani — língua _____

língua — aguaceiro _____

jaguatirica — guarani _____

guaraná — aguado _____

aguaceiro — enxaguou _____

aguapé — jaguatirica _____

4 ▸ Separe as sílabas das palavras abaixo.

água _____   jaguar _____

desaguou _____   régua _____

Guanabara _____   guará _____

guapo _____   averiguo _____

5 ▸ Forme frases com o nome dos animais abaixo.

1 égua   **2** jaguatirica   **3** guará

1 _____

2 _____

3 _____

NOME: _____   DATA: _____

O galo aluado

O galo aluado
subiu no telhado,
sentiu-se tão só,
cocorissó, cocorissó!

O galo aluado
subiu no telhado
e chamou pelo sol,
cocorissol, cocorissol.

O galo aluado
subiu no telhado
e viu o caracol,
cocoricol, cocoricol.

O galo aluado
subiu no telhado
e exclamou para o cão:
Cocoricão! Cocoricão!

O galo aluado
subiu no telhado
e saudou a lua,
cocorilua, cocorilua.

O galo aluado
cochilou no telhado
e ouviu assustado,
cocorigalo, cocorigalo.

Eram o caracol,
cão, lua e sol
que acudiam
ao triste chamado
do galo aluado.

Sérgio Capparelli. **Boi da cara preta**. Porto Alegre: L&PM, 1995. p. 37.

Atividades

1) Responda de acordo com o poema.

a) Qual é o nome do poema?

_____

b) Qual é o nome de quem escreveu o poema, o autor?

_____

2) Complete as estrofes de acordo com o poema.

O galo aluado

subiu no _____

e chamou pelo sol,

cocorissol, _____.

            O galo aluado

            subiu no telhado

            e viu o _____,

            _____, cocoricol.

3) Faça um **X** na resposta correta de acordo com o poema.

a) O galo subiu no telhado e viu:

☐ o caracol.   ☐ o beija-flor.   ☐ a coruja.

b) O galo subiu no telhado e saudou:

☐ a noite.   ☐ o sol.   ☐ a lua.

c) O galo saudou a lua com:

☐ cocorigalo.   ☐ cocorilua.   ☐ cocoricão.

NOME: _____ DATA: _____

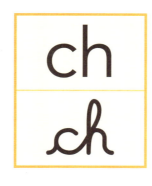

chapéu

Atividades

1 ▸ Observe as figuras e ligue-as ao nome correspondente.

chave

chinelo

chupeta

2 ▸ Leia as palavras a seguir.

chave	chega	chita
chapa	chefe	chocolate
chama	cheque	chumbo
chapéu	chegada	chupeta

137

3 ▸ Leia as palavras, ligue as correspondentes e copie-as.

chocolate	chuva	_____
machado	cachorro	_____
Chico	chicote	_____
cheio	machado	_____
chapéu	chocolate	_____
cachorro	Chico	_____
chuva	cheio	_____
chicote	chapéu	_____

4 ▸ Observe as imagens e complete as palavras com *cha, che, chi, cho* ou *chu*.

_____teira _____veiro ma_____do

_____bola _____colate _____veiro

5 ▸ Complete as frases com o nome das figuras.

a) A _____ é da casa da vovó.

b) Papai Chico colocou o _____.

NOME: _____ DATA: _____

ar	er	ir	or	ur
ar	er	ir	or	ur

s**or**vete

1 ▸ Observe as figuras e ligue-as ao nome correspondente.

martelo

urso

borboleta

2 ▸ Leia as palavras a seguir.

arco	verde	rir
mar	verdura	circo
argola	comer	corda
ar	ler	curto

139

3 ▸ Leia as palavras, ligue as correspondentes e copie-as.

caderno	calor	_____
comer	divertir	_____
carta	falar	_____
divertir	comer	_____
Artur	dormir	_____
calor	caderno	_____
dormir	carta	_____
falar	Artur	_____

4 ▸ Separe as sílabas das palavras abaixo.

Carlito _____   arte _____

nadar _____   sorvete _____

vermelho _____   porta _____

formiga _____   colher _____

5 ▸ Observe as imagens e complete as palavras com *ar*, *er*, *ir*, *or* ou *ur*.

c___ta   colh___   ___so

c___co   cad___no   col___

NOME: _____ DATA: _____

as	es	is	os	us
as	*es*	*is*	*os*	*us*

v**es**tido

1 ▸ Observe as figuras e ligue-as ao nome correspondente.

   lápis

         escada

   mosca

2 ▸ Leia as palavras a seguir.

pasta	escova	isca
casca	escada	mosca
asno	espiga	biscoito
pesca	disco	susto

141

3 Leia as palavras, ligue as correspondentes e copie-as.

escola	escova	_____
agosto	festa	_____
dois	escola	_____
Gustavo	rosto	_____
castigo	dois	_____
escova	Gustavo	_____
rosto	agosto	_____
festa	castigo	_____

4 Observe as imagens e complete as palavras com *as*, *es*, *is*, *os* ou *us*.

____pelho   c____telo   c____ta

5 Faça como no modelo.

a escova → as escovas

a mosca _____

o biscoito _____

a máscara _____

o esquilo _____

142

NOME: _____ DATA: _____

Revisando o que foi estudado

Quem sou eu?

Adoro roer meu ossinho
Faço festa e também mordo
E se pegam minha coleira
Aí mesmo é que eu corro

Tenho pelos e bato o rabinho
Sempre que estou feliz
Sou o melhor amigo do homem
Isso é o que se diz

Sou animal esperto
Dos mais inteligentes
Mas não posso ver um gato
Que eu logo mostro os dentes

Se você ainda não sabe
Leia com mais atenção
Eu sou um cachorrinho
Amigo de estimação

Simone Mendonça Diniz. **Poemas da cabeça da mamãe**. Cotia: Pandorga, 2011. p. 8.

1. Circule de azul no texto todas as palavras com **ão**.
2. Escreva abaixo todas as palavras diferentes com **ão**, **nha** e **nho**.

_____

_____

143

3) Acrescente a letra **r** e forme novas palavras. Siga o modelo.

> cata → carta

copo _____   cota _____
pena _____   baba _____
lago _____   fada _____

4) Acrescente a letra **s** e forme novas palavras. Siga o modelo.

> pote → poste

gato _____   ano _____
caco _____   pato _____
pata _____   bata _____

5) Acrescente a letra **l** e forme novas palavras. Siga o modelo.

> ama → alma

ato _____   povo _____
cama _____   cada _____
taco _____   todo _____

6) Escreva o nome das figuras.

_____   _____   _____

NOME: _____ DATA: _____

az	ez	iz	oz	uz
az	*ez*	*iz*	*oz*	*uz*

10 dez

1▸ Observe as figuras e ligue-as ao nome correspondente.

noz

perdiz

capuz

Ilustrações: Eduardo Belmiro

2▸ Leia as palavras a seguir.

paz	dez	luz
cartaz	vez	capuz
rapaz	fez	cuscuz
tenaz	feliz	veloz

145

3 ▶ Leia as palavras, ligue as correspondentes e copie-as.

chafariz	surdez	_____
arroz	feliz	_____
luz	arroz	_____
Juarez	chafariz	_____
rapaz	Juarez	_____
surdez	rapaz	_____
feliz	luz	_____

4 ▶ Observe as imagens e complete as palavras com *az*, *ez*, *iz*, *oz* ou *uz*.

perd____   avestr____   ra____

nar____   arr____   g____

5 ▶ Faça como no modelo.

luz ⟶ luzes

rapaz _____   noz _____
feroz _____   raiz _____
cartaz _____   cruz _____

146

NOME: _____ DATA: _____

bra cra dra fra gra pra tra vra

bra cra dra fra gra pra tra vra

trem

Atividades

1ª Observe as figuras e ligue-as ao nome correspondente.

cravo

livro

tigre

2ª Leia as palavras a seguir.

abraço	dragão	fraco
bruxa	quadro	cofre
cravo	madrinha	frio
criança	padre	fruta
graveto	primo	trem

3 Leia as palavras, ligue as correspondentes e copie-as.

braço — gravata _____
crocodilo — triste _____
Pedro — braço _____
frango — Pedro _____
gravata — frango _____
professora — crocodilo _____
triste — professora _____

4 Observe as imagens e complete as palavras com cr, pr, br, tr, dr ou gr.

___avata   xa___ez   ___uz

___esente   es___ela   ze___a

5 Separe as sílabas das palavras.

magro _____   outubro _____
brasileiro _____   triste _____
Francisco _____   escrever _____
padre _____   criança _____
livraria _____   Brasil _____

NOME: _____ DATA: _____

Vamos ouvir

Despedida

Minhas quadras vão embora
Esbanjando simpatia
Quatro versos que não faltam
Rimas, paz e energia!

O cordel também começa
A fazer a despedida
Os seis versos já abraçam
Essa turma tão querida
Que adora poesia
Pra alegrar bem mais a vida.

Também termina o limerique
Poema tão belo e tão chique
Que tem cinco versos
E adora reversos
E rima até com piquenique...

César Obeid. **Criança poeta.** São Paulo: Editora do Brasil, 2011. p. 28-29.

1. Responda às questões.

   a) Qual é o nome do poema?
   _____

   b) Circule no poema as palavras com *dr, tr, br, pr* e *gr* e escreva-as.
   _____
   _____

   c) Complete de acordo com o cordel.

   [...] O cordel também _____
   A _____ a _____
   Os seis _____ já abraçam
   Essa turma _____ querida [...]

2. Complete o diagrama de palavras.

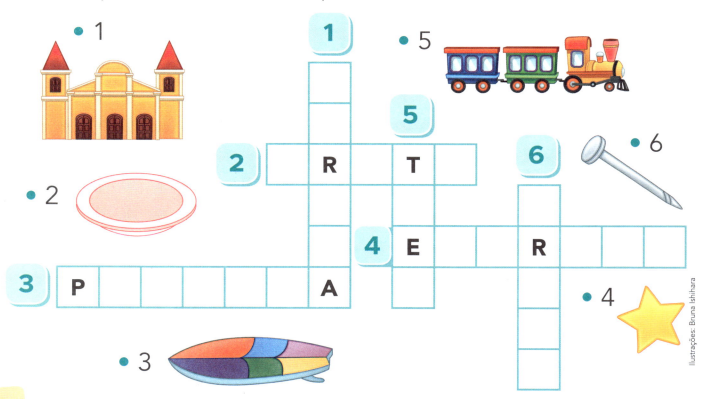

NOME: _____ DATA: _____

bla	cla	fla	gla	pla	tla
bla	cla	fla	gla	pla	tla

bici**cle**ta

Atividades

1 ▸ Observe as figuras e ligue-as ao nome correspondente.

flauta

globo

bloco

2 ▸ Leia as palavras a seguir.

flanela   placa   classe

flecha   planta   clima

atlas   planeta   clube

nublado   globo   atleta

3 ▸ Leia as palavras, ligue as correspondentes e copie-as.

atleta   clube   _____
planta   Blumenau   _____
bicicleta   flor   _____
Cláudio   atleta   _____
flecha   planta   _____
Blumenau   Cláudio   _____
clube   bicicleta   _____
flor   flecha   _____

4 ▸ Observe as imagens e complete as palavras com bl, cl, fl, gl, pl ou tl.

_____ara   motoci_____eta   _____echa

_____usão   _____aca   _____ores

5 ▸ Separe as sílabas das palavras abaixo.

classe _____   atleta _____
flanela _____   caboclo _____
biblioteca _____   clima _____
planeta _____   floresta _____
globo _____   claridade _____

Ilustrações: Bruna Ishihara

152

NOME: _____   DATA: _____

Chuva

Chuva no outono
trazia a noite morna
ao menino ferrado no sono.

Chuva no inverno
caía em toda a cidade
com um frio cortante e fino.

Chuva na primavera
com flores e passarinhos
alegrava a natureza inteira.

Chuva no verão
pelos campos verdes
do meu pequeno coração.

Cyro de Mattos. **O menino camelô**. São Paulo: Atual, 2003. p. 20.

1▸ Qual é o nome do poema? Circule-o.

2▸ Encontre no poema palavras com as letras abaixo e escreva-as.

ch _____	fr _____	ss _____
tr _____	pr _____	gr _____
rr _____	fl _____	ão _____

3 ▸ Leia as frases e copie-as ao lado da figura correspondente.

a) Adriana levou uma flor para a professora.
b) A bicicleta é de Cláudia.
c) Flávia toca flauta no teatro.

4 ▸ Faça como no modelo.

o atleta ⟶ os atletas

o problema _____   o bloco _____
a clara _____   a classe _____
o atlas _____   o globo _____
a flanela _____   o clima _____
o clube _____   a blusa _____
a flor _____   a planta _____

NOME: _____ DATA: _____

Revisando o que foi estudado

 Vamos ouvir

Vovô sapo

Vovô sapo e sua neta
Pegaram a bicicleta.

Eia! Vamos! Força! Upa!
Pula a neta na garupa.

E logo toda a família,
Pererecas, rãs e jias.

Vovô sapo se concentra,
Dá um pulo e logo senta

No selim da bicicleta
Com um ar de atleta.

Na esquina está a cigarra,
Pedala, vovô, pedala!

Mas à frente, cambaleia,
Resvalando em grãos de areia.

Perde o fôlego e, num arranco,
Quase cai de um barranco.

Atropela uma galinha,
A mãe da pata, não a minha.

Monta de novo e se vai,
Treme-treme, cai-não-cai.
Lá vai ele, não se abala,
Pedala, vovô, pedala!

Sérgio Capparelli. **111 poemas para crianças**. Porto Alegre: L&PM, 2003. p. 51.

1 Responda de acordo com o poema.

a) Qual é o nome do poema?

b) Qual é o animal protagonista do poema?

2 Circule no poema e escreva abaixo todas as palavras com:

| cl | tr | tl | fr | gr |

3 Acrescente a letra **l** e forme novas palavras. Veja o modelo.

fecha ⟶ flecha

caro _____   pano _____
foco _____   fora _____
puma _____   cara _____

4 Ordene as sílabas, forme palavras e escreva-as.

se   clas   classe   ta   plan _____
res flo _____   plo di   ma _____
bo   glo _____   sa   blu _____
ro   cla _____   be   clu _____

156

NOME: _____ DATA: _____

1 ▸ Observe as sequências e complete-as com as palavras do quadro em destaque.

Artur – feroz – planta – quadro

Cartaz	feliz	Juarez	luz	_____
verde	_____	divertir	carta	calor
flecha	globo	_____	clave	blusa
_____	creme	branco	preto	livro

2 ▸ Observe os números e forme palavras.

1 fes 2 la 3 co 4 pes 5 va

6 da 7 ca 8 ris 9 es 10 ta

9 + 3 + 2 _____   9 + 3 + 5 _____

8 + 3 _____   4 + 7 _____

9 + 7 + 6 _____   1 + 10 _____

3 ▸ Numere as frases de acordo com as ilustrações.

| 1 | **10** | 2 | 🥧 | 3 | 🪀 |

☐ A _____ salgada é de frango.

☐ Flávio tirou nota _____ na avaliação.

☐ Mamãe comprou um _____ novo.

4 ▸ Coloque o, a ou os, as.

_____ cartas   _____ tratores   _____ luz
_____ livro   _____ praia   _____ escola
_____ flores   _____ filmes   _____ garfos
_____ braço   _____ rosto   _____ colher

5 ▸ Complete o diagrama.

• 1 (trator)
• 2 (noz)
• 3 (circo)
• 4 (porco)
• 5 (martelo)

1: _ R _ _ R
2: _ O _
3: _ _ _ _ O

NOME: _____ DATA: _____

Parelhas natalinas

O que é mesmo o Natal,
Só uma data especial?

Muito mais que reunião,
É o amor no coração.

Muito mais do que uma festa,
É a paz que manifesta.

Mais que sinos e comida,
É a família reunida.

É a partilha e a união,
Tempo de reflexão.

É a esperança e a harmonia,
Compaixão e alegria.

É a data que conduz
Os ensinos de Jesus.

Eduardo Belmiro

Cesar Obeid. Parelhas natalinas. **O Toque do Beija-flor**, Itapevi, 11 ago. 2023.
Disponível em: https://cesarobeid.com.br/?s=Parelhas.
Acesso em: 14 ago. 2023.

Atividade

1) De acordo com o poema, assinale a resposta correta.

a) O nome do poema é:

☐ Par Natalino.   ☐ Parelha Natalina.   ☐ Natal.

b) Muito mais do que reunião, o Natal é:

☐ amor.   ☐ solidão.   ☐ mar.

c) É a data que conduz, os ensinos de:

☐ Davi.   ☐ Maria.   ☐ Jesus.

2) Ditado de palavras.

1 - _____

2 - _____   3 - _____

4 - _____   5 - _____

6 - _____   7 - _____

8 - _____   9 - _____   10 - _____

NOME: _____ DATA: _____

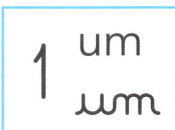

1 ▸ Pinte de 🖍 a ◯ da peça que representa o número 1.

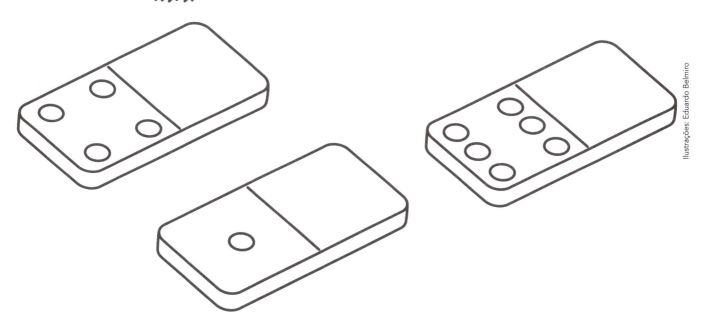

2 ▸ Cubra o tracejado do número 1.

3 ▸ Continue escrevendo o número 1.

1 _____ _____ _____ _____

4 Circule o número 1.

5 Mathias fez 1 ano. Desenhe uma vela no bolo.

Mariana conta 1,
Mariana conta 1.
É 1, é 1, é Ana!
Viva a Mariana!
Viva a Mariana!

Cantiga.

- Escreva no quadro o número que Mariana contou na cantiga.

NOME: _____ DATA: _____

2 dois
dois

1 ▸ Circule o número **2** no relógio.

2 ▸ Cubra o tracejado do número 2.

3 ▸ Continue escrevendo o número 2.

4 Conte os elementos e ligue-os ao numeral correspondente.

5 Observe os animais, conte-os e registre quantos são.

Vamos cantar

[...]
Mariana conta 2,
Mariana conta 2.
É 1, é 2, é Ana!
Viva a Mariana!
Viva a Mariana!

Cantiga.

- Escreva no quadro o número que Mariana contou na cantiga.

NOME: _____ DATA: _____

3 três
três

1 ▸ Circule as cartas de baralho que apresentam o número 3.

 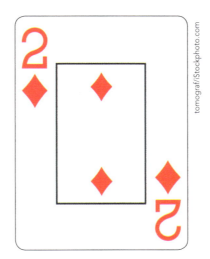 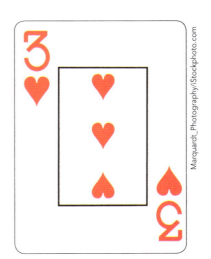

2 ▸ Cubra o tracejado do número 3.

3   3   3   3   3   3

3 ▸ Continue escrevendo o número 3.

3 ___ ___ ___ ___ ___

4 Conte e pinte a quantidade indicada de frutas para a salada.

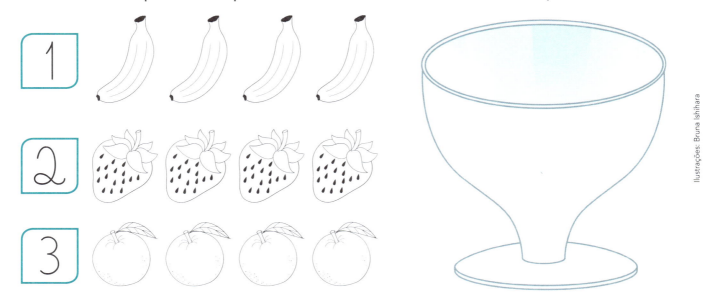

5 Escreva os vizinhos dos números abaixo.

6 Desenhe 3 bolas e pinte-as com cores diferentes.

Vamos cantar

[...]
Mariana conta 3,
Mariana conta 3.
É 1, é 2, é 3, é Ana!
Viva a Mariana!
Viva a Mariana!

Cantiga.

- Escreva no quadro o número que Mariana contou na cantiga.

NOME: _____ DATA: _____

Atividades

4 quatro
quatro

1▸ Circule o número **4**.

2▸ Cubra o tracejado do número 4.

4   4   4   4   4   4

3▸ Continue escrevendo o número 4.

4 Complete a sequência numérica.

5 Conte os elementos e escreva o número correspondente.

Vamos cantar

[...]
Mariana conta 4,
Mariana conta 4.
É 1, é 2, é 3, é 4, é Ana!
Viva a Mariana!
Viva a Mariana!

Cantiga.

- Escreva no quadro o número que Mariana contou na cantiga.

NOME: _____ DATA: _____

Atividades

5 cinco
cinco

1 ▸ Faça um **X** no número **5**.

2 ▸ Cubra o tracejado do número 5.

5   5   5   5   5   5

3 ▸ Continue escrevendo o número 5.

5

4 Conte quantos dinossauros há em cada coleção e escreva o número correspondente.

5 Conte e pinte 5 bolas de gude.

Vamos cantar

[...]
Mariana conta 5,
Mariana conta 5.
É 1, é 2, é 3, é 4, é 5, é Ana!
Viva a Mariana!
Viva a Mariana!

Cantiga.

- Escreva no quadro o número que Mariana contou na cantiga.

NOME: _____ DATA: _____

6 seis
seis

1 ▸ Circule o número **6**.

2 ▸ Cubra o tracejado do número 6.

6 6 6 6 6 6

3 ▸ Continue escrevendo o número 6.

6 ____ ____ ____ ____ ____

4 Conte os elementos e registre o número correspondente.

1 - 2 - 3 - 4 - 5 - 6

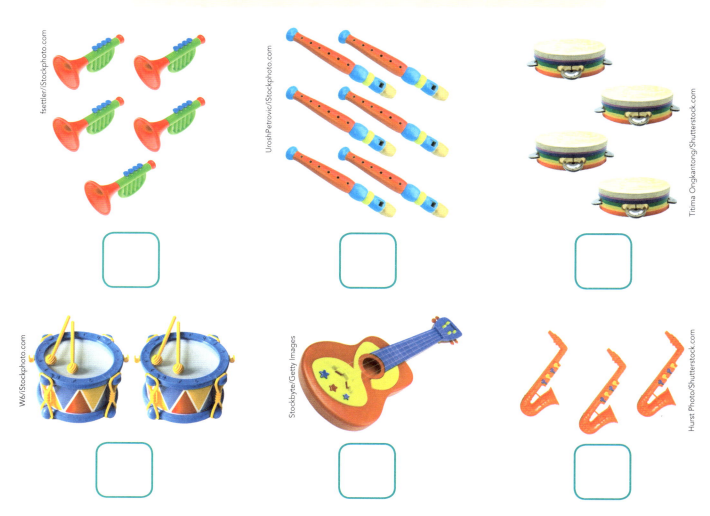

Vamos cantar

[...]
Mariana conta 6,
Mariana conta 6.
É 1, é 2, é 3, é 4, é 5, é 6, é Ana!
Viva a Mariana!
Viva a Mariana!

Cantiga.

• Escreva no quadro o número que Mariana contou na cantiga.

NOME: _____ DATA: _____

Atividades

7 sete
sete

1 ▸ Faça um **/** no número **7**.

2 ▸ Cubra o tracejado do número 7.

3 ▸ Continue escrevendo o número 7.

4 ▸ Complete a sequência numérica.

5 ▸ Conte os elementos de cada coleção e escreva o número correspondente.

[...]
Mariana conta 7,
Mariana conta 7.
É 1, é 2, é 3, é 4, é 5, é 6, é 7, é Ana!
Viva a Mariana!
Viva a Mariana!

Cantiga.

- Escreva no quadro o número que Mariana contou na cantiga.

NOME: _____ DATA: _____

1 ▸ Faça um **X** no número **8**.

2 ▸ Cubra o tracejado do número 8.

     8

3 ▸ Continue escrevendo o número 8.

 _____

4 Conte os elementos, escreva o número correspondente e ligue as quantidades iguais.

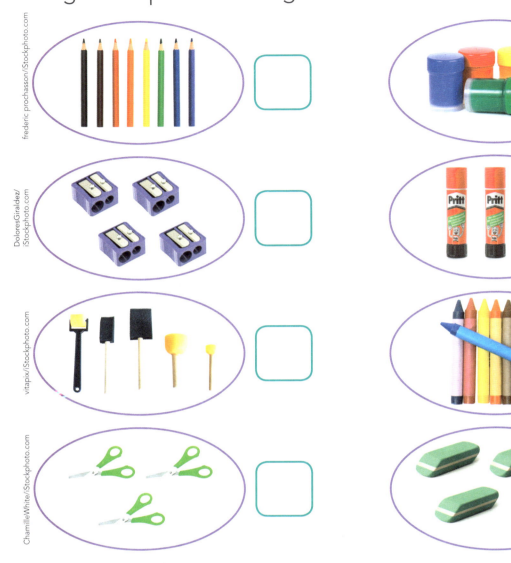

Vamos cantar

[...]
Mariana conta 8,
Mariana conta 8.
É 1, é 2, é 3, é 4, é 5, é 6, é 7, é 8, é Ana!
Viva a Mariana!
Viva a Mariana!

Cantiga.

- Escreva no quadro o número que Mariana contou na cantiga.

NOME: _____ DATA: _____

9 nove
nove

1 ▸ Circule de o número **9**.

2 ▸ Cubra o tracejado do número 9.

3 ▸ Continue escrevendo o número 9.

4 ▸ Complete a trilha com a sequência numérica correta.

5 ▸ Desenhe 9 flores.

Vamos cantar

[...]
Mariana conta 9,
Mariana conta 9.
É 1, é 2, é 3, é 4, é 5, é 6, é 7, é 8, é 9, é Ana!
Viva a Mariana!
Viva a Mariana!

Cantiga.

• Escreva no quadro o número que Mariana contou na cantiga.

NOME: _____ DATA: _____

O número 0 representa a ausência de elementos.

1 ▸ Faça um **/** no número **0**.

2 ▸ Cubra o tracejado do número 0.

3 ▸ Continue escrevendo o número 0.

4 ▸ Conte os passarinhos e escreva o número correspondente.

NOME: _____   DATA: _____

Sinal de igual (=) e sinal de diferente (≠)

1▸ Conte os cubos de cada agrupamento e escreva o número. Para indicar quantidades diferentes, use o sinal de ≠ (diferente) e, para indicar quantidades iguais, use o sinal de = (igual).

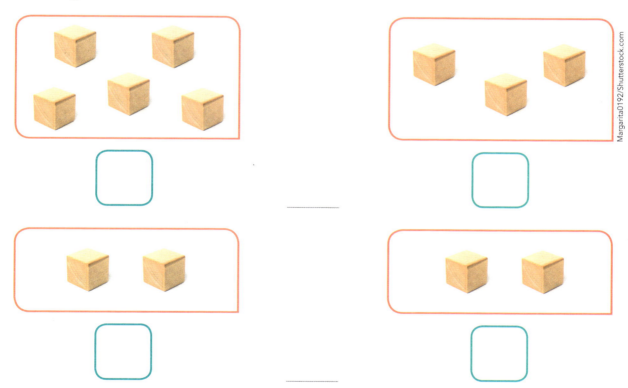

2▸ Observe os números e use os sinais de = ou ≠ adequadamente.

5 __ 5   4 __ 1   7 __ 7

8 __ 9   3 __ 3   2 __ 6

3 ▸ Quantos anos você tem? Desenhe velas no bolo representando sua idade e escreva o número correspondente ao lado.

4 ▸ Observe a quantidade de cada ingrediente da receita do bolo e complete os espaços com o número correspondente.

_____ espigas de milho

_____ ovos de galinha

_____ copos de leite

_____ colher de sopa de fermento

_____ colheres de sopa de manteiga

_____ xícara de chá de açúcar

_____ xícaras de chá de farinha de trigo

NOME: _____ DATA: _____

10 dez
dez

1) Faça um **X** no número 10.

2) Continue escrevendo o número 10.

10 _____

3) Conte e pinte 10 quadradinhos.

4 Agora é a sua vez de numerar a amarelinha com a sequência correta.

1 - 2 - 3 - 4 - 5 - 6 - 7 - 8 - 9 - 10

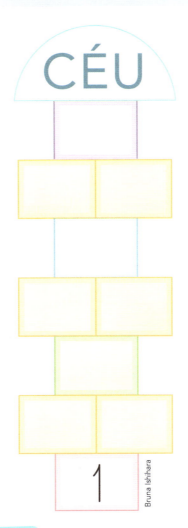

[...]
Mariana conta 10,
Mariana conta 10.
É 1, é 2, é 3, é 4, é 5, é 6, é 7, é 8, é 9, é 10, é Ana!
Viva a Mariana!
Viva a Mariana!

Cantiga.

- Escreva no quadro o número que Mariana contou na cantiga.

NOME: _____ DATA: _____

Dezena e meia dezena

1) Conte e pinte meia dezena de bonés.

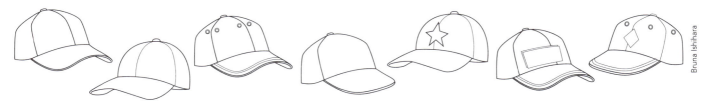

2) Conte e circule uma dezena de cata-ventos.

3) Escreva o número correspondente.

a) Meia dezena. ☐   b) Uma dezena. ☐

4) Desenhe uma dezena de bolas de gude.

Mais sistema de numeração decimal

Observe:

1 ▸ Complete a numeração da trilha com a sequência correta.

2 ▸ Escreva o número que vem logo após.

11 ___   14 ___   17 ___   19 ___

NOME: _____ DATA: _____

Conjunto vazio e conjunto unitário

1 ▸ Pinte o elemento do conjunto unitário.

2 ▸ Pinte de ▓▓ o quadrinho do conjunto vazio.

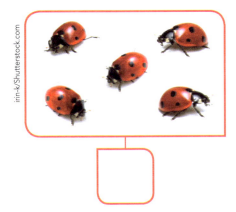  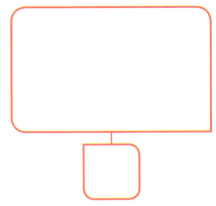

3 ▸ Desenhe o que se pede.

a) Um conjunto unitário.

b) Um conjunto vazio.

Mais sistema de numeração decimal

Observe:

Domingo	Segunda-feira	Terça-feira	Quarta-feira	Quinta-feira	Sexta-feira	Sábado
						1
2	3	4	5	6	7	8
9	10	11	12	13	14	15
16	17	18	19	20	21	22
23	24	25	26	27	28	29
30	31					

1 ▸ Circule no calendário acima a data do seu aniversário.

2 ▸ Escreva o número que vem antes.

____ 20   ____ 22   ____ 25   ____ 30

3 ▸ Escreva o nome do mês em que estamos e numere os dias na sequência correta.

_____

DOMINGO	SEGUNDA	TERÇA	QUARTA	QUINTA	SEXTA	SÁBADO

NOME: _____ DATA: _____

Sinal de união (∪)

Observe:

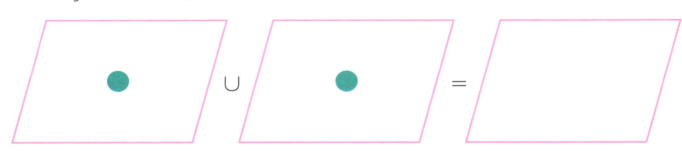

Atividade

1 ▸ Faça a união (∪) dos elementos.

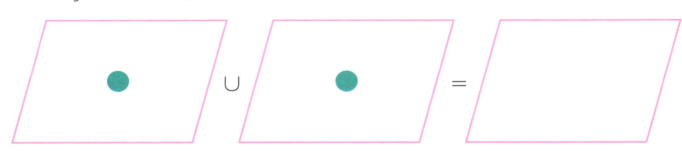

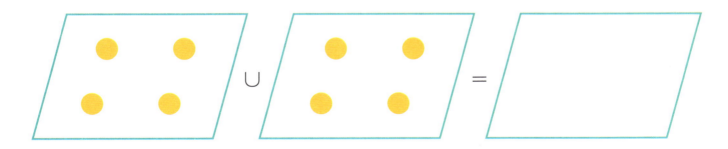

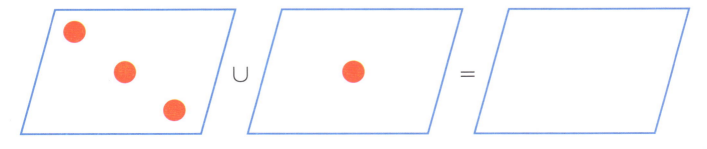

Mais sistema de numeração decimal

Observe:

1) Ligue os pontos na sequência dos números e complete a imagem. Depois, pinte-a.

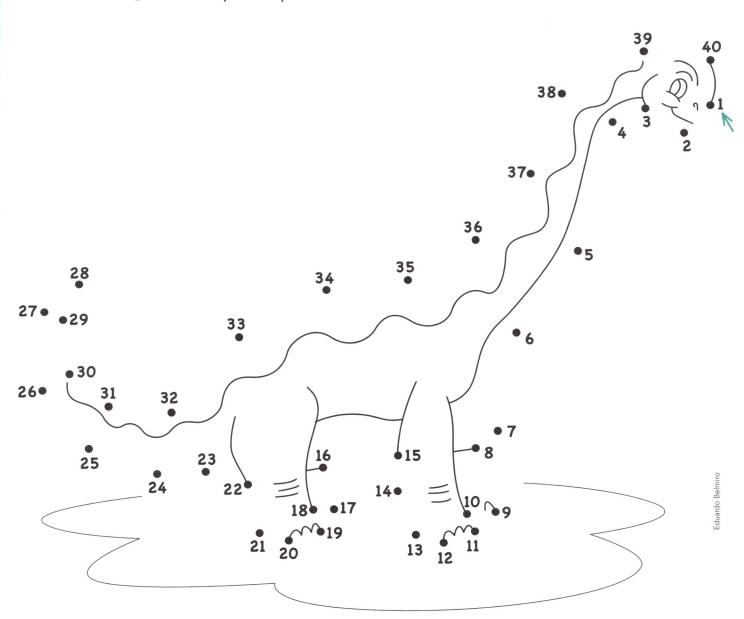

NOME: _____ DATA: _____

Adição

1. Conte, escreva o número correspondente e faça a união dos elementos. Depois, desenhe a quantidade total de elementos.

2. Continue adicionando os elementos e escrevendo o número correspondente. Depois, desenhe a quantidade total de elementos.

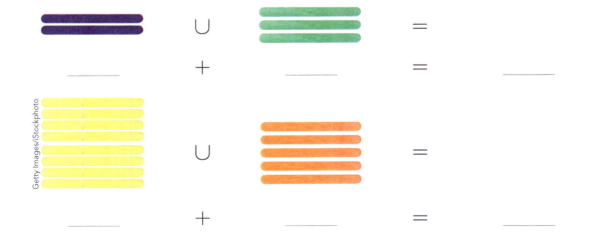

Mais sistema de numeração decimal

Observe:

Andrey_Kuzmin/iStockphoto.com

1 ▸ Escreva o número que falta, seguindo a sequência.

39 ___ 41   42 ___ 44   48 ___ 50

1 ___ 3   45 ___ 47   10 ___ 12

19 ___ 21   28 ___ 30   47 ___ 49

2 ▸ Escreva os números vizinhos.

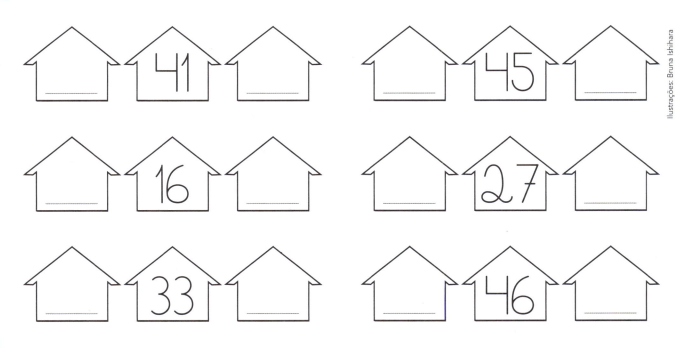

Situações-problema de adição

1 ▸ Observe, conte e calcule.

Quantos?

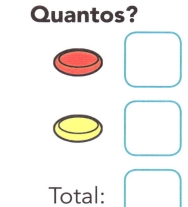

Total:

Quantos?

Total:

Quantos?

Total:

Escrita dos números até 5

1. Leia os números e pinte os quadrinhos fazendo a relação.

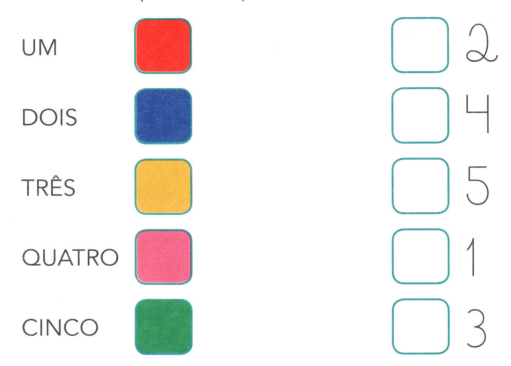

2. Leia e escreva o número correspondente.

quatro _____   um _____   dois _____

cinco _____   três _____

3. Continue escrevendo na ordem.

um - _____ - _____ - _____

_____ - _____

NOME: _____ DATA: _____

Dúzia e meia dúzia

1 Conte as bananas e ligue-as à quantidade correta.

- Meia dúzia.

- Uma dúzia.

2 Desenhe uma dúzia de ovos.

3 Pinte meia dúzia de rosas.

4 Escreva **dúzia** ou **meia dúzia** ao lado do número correto.

 _____

 _____

195

Mais situações-problema de adição

1 ▸ Leo já colou 6 figurinhas no álbum. No pacote, vieram 5 figurinhas que ele ainda vai colar. No total, quantas figurinhas Leo terá colado no álbum?

☐ + ☐ = ☐

2 ▸ Maria foi com sua mãe até a horta e colheu 6 cenouras e 6 beterrabas. Quantos legumes Maria colheu?

☐ + ☐ = ☐

3 ▸ Utilizando rolhas e palitinhos, Bento confeccionou 3 cavalinhos e 1 boneco. Quantos brinquedos Bento confeccionou?

☐ + ☐ = ☐

NOME: _____ DATA: _____

Mais sistema de numeração decimal

1▶ Complete a sequência de números na ordem correta.

☐ ____ 2 ____ ____ 5 ____ ____ ____ ____ ____ 10

⑪ ____ ____ ____ ____ 16 ____ ____ 19 20

 ____ 23 ____ 25 ____ ____ ____ ____ ____

 ____ ____ 34 ____ ____ 37 ____ ____ 40

 42 ____ ____ ____ ____ ____ 48 49 ____

 ____ ____ 53 54 ____ ____ ____ ____ ____ 60

Mais situações-problema de adição

1. Leia, conte e use o espaço para calcular.

   a) Sofia ganhou de seus avós 4 livros e 2 revistas. Quantos presentes Sofia ganhou?

   Resposta: Sofia ganhou _____ presentes.

   b) Da festa de seu aniversário, Lara levou meia dúzia de brigadeiros e meia dúzia de beijinhos para a professora. Quantos doces Lara levou?

   Resposta: Lara levou _____ doces.

   c) Organizando sua coleção, Miguel viu que tem meia dúzia de carros azuis e uma dúzia de carros pretos. Quantos carros tem a coleção de Miguel?

   Resposta: A coleção de Miguel tem _____ carros.

NOME: _____   DATA: _____

Números ordinais

1▶ Pinte a roupa da criança de acordo com a legenda.

2▶ Leia e escreva o número ordinal correspondente.

☐ décimo   ☐ terceiro
☐ primeiro   ☐ sétimo
☐ sexto   ☐ quarto
☐ oitavo   ☐ nono
☐ quinto   ☐ segundo

3▶ Escreva por extenso os números ordinais abaixo.

Mais sistema de numeração decimal

Atividades

1 ▸ Escreva o número que vem antes de:

___ 70   ___ 73   ___ 77   ___ 79

2 ▸ Agora, escreva o número que vem logo depois.

70 ___   72 ___   74 ___   76 ___

3 ▸ Quais são os números vizinhos?

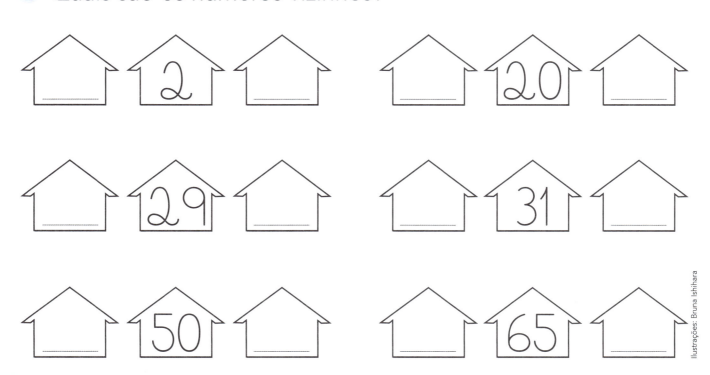

NOME: _____ DATA: _____

Sequência numérica de 2 em 2

1 ▸ Continue numerando de 2 em 2.

Mais situações-problema de adição

1) Leia, conte e use o espaço para calcular.

a) Na primeira partida do jogo de varetas, Maia retirou 7 varetas. Na segunda partida, retirou mais 9 varetas. Quantas varetas Maia retirou ao todo?

Resposta: Maia retirou _____ varetas ao todo.

b) Para o lanche coletivo, Pedro levou 3 maçãs e 5 bananas. Quantas frutas Pedro levou ao todo?

Resposta: Pedro levou _____ frutas ao todo.

c) Luci tem 1 cachorro e 3 gatos. Quantos animais de estimação Luci tem?

Resposta: Luci tem _____ animais de estimação.

NOME: _____ DATA: _____

Números romanos até 5

I II III IV V

1▸ Escreva o número correspondente.

IV ☐   II ☐   V ☐

I ☐   III ☐

2▸ Circule os números romanos nos anúncios.

3▸ Leia os números por extenso e represente-os em números romanos.

um ☐   quatro ☐

dois ☐   cinco ☐

três ☐

203

Mais situações-problema de adição

Atividades

1ᐅ Nando fez  barquinhos de papel e cata-ventos. Quantos brinquedos Nando fez?

Sentença matemática	Cálculo

Resposta: Nando fez _____ brinquedos.

2ᐅ Em homenagem ao professor, Dona Rita ganhou de sua turma  rosas e  margaridas. Quantas flores Dona Rita ganhou?

Sentença matemática	Cálculo

Resposta: Dona Rita ganhou _____ flores.

3ᐅ Calcule as adições abaixo.

```
  2        6        4        1
+ 3      + 2      + 0      + 1
___      ___      ___      ___
```

NOME: _____ DATA: _____

Subtração

1. Carlos e seu pai fizeram 4 castelos de areia.

O mar avançou e derrubou 2 castelos.

Quantos castelos ficaram em pé? ☐

Mais sistema de numeração decimal

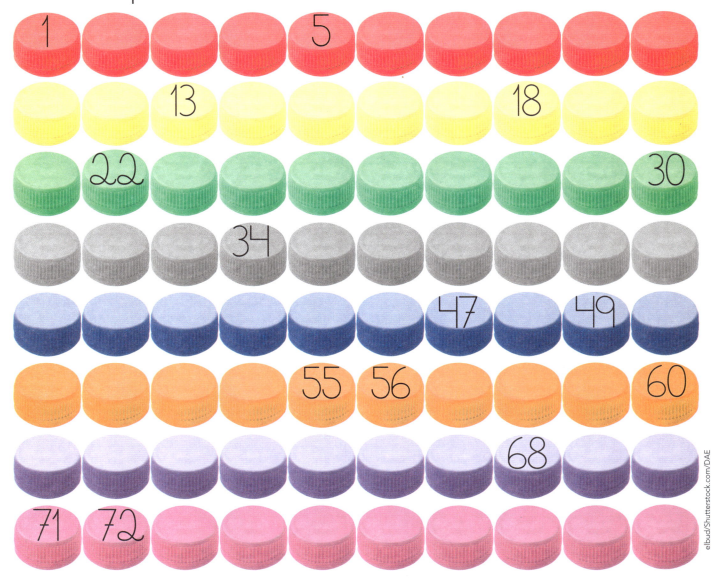

1. ▶ Continue contando e numerando na ordem a coleção de tampinhas.

2. ▶ Quantas tampinhas tem a coleção? ☐

Situações-problema de subtração

1. Observe as imagens. Em seguida, conte e calcule.

   a)
   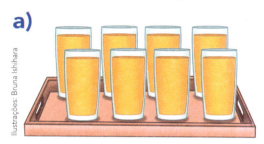 

    −  =

   b)

    − =

2. Calcule as subtrações a seguir.

   $$\begin{array}{r} 6 \\ -3 \\ \hline \end{array} \qquad \begin{array}{r} 8 \\ -4 \\ \hline \end{array} \qquad \begin{array}{r} 6 \\ -5 \\ \hline \end{array} \qquad \begin{array}{r} 3 \\ -1 \\ \hline \end{array}$$

Números por extenso até 10

1. Faça a correspondência entre os números por extenso e os algarismos, pintando os quadrinhos de acordo com as legendas.

2. Escreva por extenso os números de cada camisa.

3. Escreva a sua idade por extenso.

_____

NOME: _____ DATA: _____

Dias da semana

1 ▸ Circule o nome do dia da semana em que estamos.

DOMINGO	SEGUNDA- -FEIRA	TERÇA- -FEIRA	QUARTA- -FEIRA	QUINTA- -FEIRA	SEXTA- -FEIRA	SÁBADO

2 ▸ Ligue as colunas fazendo a correspondência correta.

1º dia • • quarta-feira
2º dia • • sábado
3º dia • • quinta-feira
4º dia • • terça-feira
5º dia • • segunda-feira
6º dia • • sexta-feira
7º dia • • domingo

3 ▸ Responda.

a) De qual dia da semana você mais gosta?

_____

b) Por quê?

_____

_____

209

Mais sistema de numeração decimal

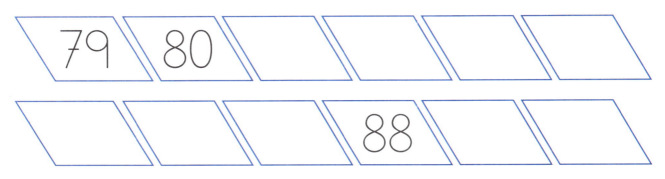

1 ▸ Continue completando a sequência.

79 | 80 | ☐ | ☐ | ☐ | ☐
☐ | ☐ | ☐ | 88 | ☐ | ☐

2 ▸ Escreva os números vizinhos de:

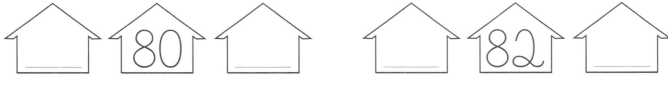

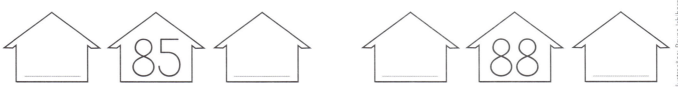

3 ▸ Qual número vem logo depois dos números a seguir?

81 _____   89 _____   83 _____

88 _____   85 _____   84 _____

NOME: _____ DATA: _____

Mais situações-problema de subtração

1) Conte, calcule e registre.

a) As velas.

_____ — _____ = _____

b) As crianças.

_____ — _____ = _____

c) Os brinquedos.

_____ — _____ = _____

Sequência numérica de 5 em 5

1. Conte os carros de 5 em 5 e pinte apenas o 5º de cada sequência.

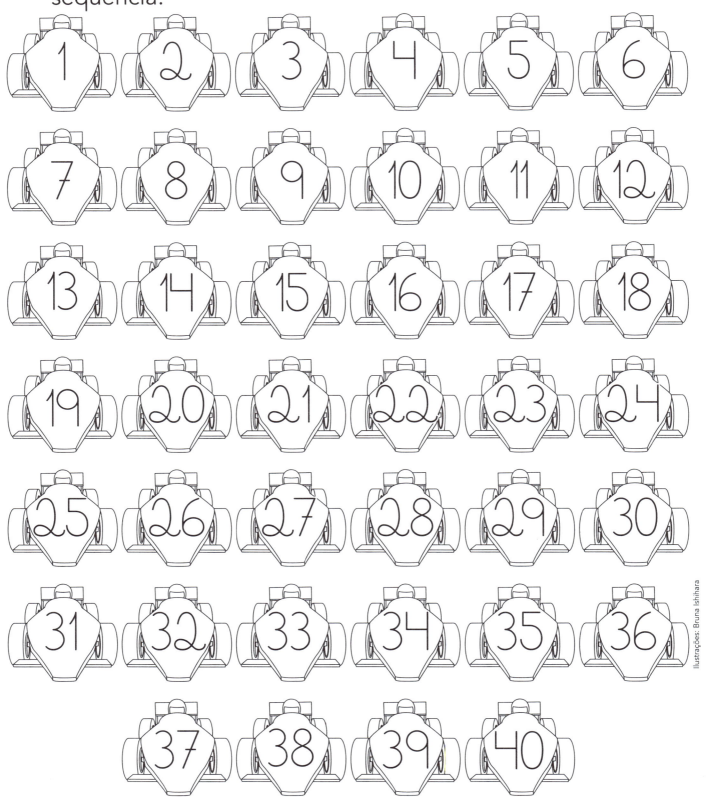

NOME: _____ DATA: _____

O relógio – tempo

1) Numere o relógio e circule a hora que ele está marcando.

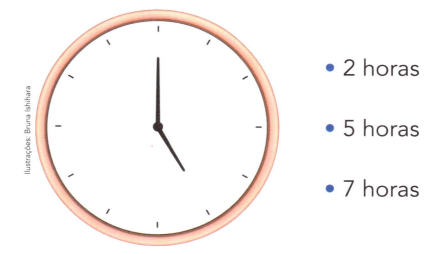

- 2 horas

- 5 horas

- 7 horas

2) Desenhe os ponteiros para marcar as horas indicadas.

a) A hora em que você acorda.

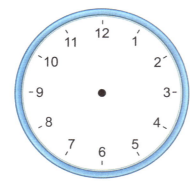

b) A hora em que você dorme.

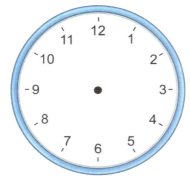

213

Mais sistema de numeração decimal

| 61 | 62 | 63 | 64 | 65 | 66 | 67 | 68 | 69 | 70 | 71 | 72 | 73 | 74 | 75 | 76 | 77 | 78 | 79 | 80 |

| 81 | 82 | 83 | 84 | 85 | 86 | 87 | 88 | 89 | 90 | 91 | 92 | 93 | 94 | 95 | 96 | 97 | 98 | 99 | 100 |

1. Quantas tampinhas a coleção tem agora? Conte completando a numeração.

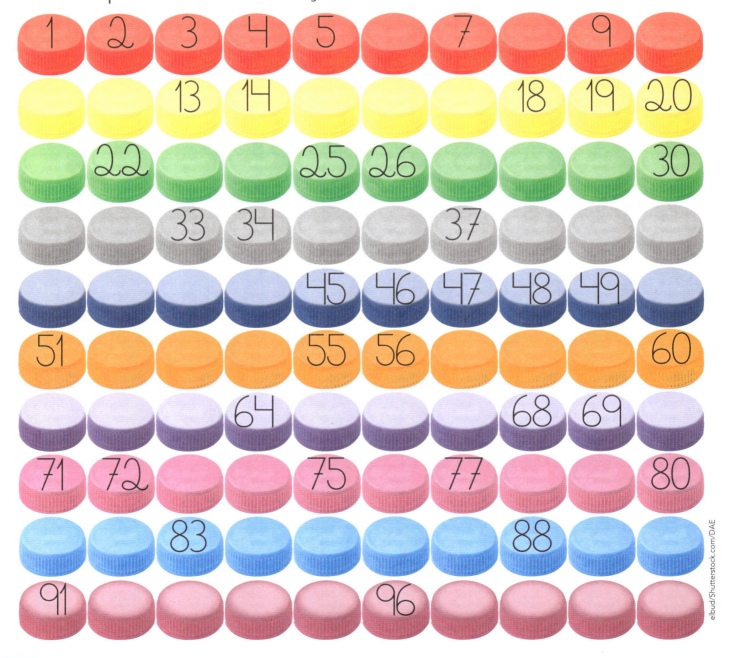

NOME: _____ DATA: _____

Medidas de comprimento (m)

1. Pinte o quadrinho que indica o instrumento utilizado para medir a altura de Nalu.

2. Circule o símbolo do metro.

3. Faça um **X** nos produtos em que utilizamos o metro para medir.

Mais situações-problema de subtração

1) Calcule as subtrações e resolva os problemas.

a) Tina comprou 9 metros de fita e usou 5 metros para fazer lacinhos. Quantos metros de fita Tina ainda tem?

Sentença matemática   Cálculo

Resposta: Tina ainda tem _____ metros de fita.

b) Danilo tem um aquário com 8 peixinhos. Ele deu a seu primo 2 peixinhos. Com quantos peixes Danilo ficou?

Sentença matemática   Cálculo

Resposta: Danilo ficou com _____ peixes.

c) Pedro iniciou o jogo com 9 bolinhas de gude. Perdeu 6 bolinhas. Com quantas bolas de gude Pedro ficou?

Sentença matemática   Cálculo

Resposta: Pedro ficou com _____ bolinhas de gude.

NOME: _____   DATA: _____

Medida de massa (kg)

1. Escreva o nome do instrumento utilizado para medir a massa (peso) de pessoas, animais e produtos.

relógio   –   metro   –   balança

_____   _____   _____

2. Circule os produtos que são pesados para a venda.

3. Qual é a sua massa (peso)? Complete a frase.

Eu peso _____ quilos.

Nosso dinheiro – real

1 ▸ Circule o símbolo do nosso dinheiro, o real.

R$ CR$ Cz$

2 ▸ Ligue o tipo de dinheiro ao nome dele.

3 ▸ Aila recebeu de mesada R$ 30,00. Circule cédulas que, somadas, formam o valor da mesada de Aila.

NOME: _____   DATA: _____

Medida de capacidade (L)

1▸ Observe as garrafas de água. Faça uma estimativa da quantidade de água que cabe em cada uma e escreva abaixo.

1 litro – 2 litros – 5 litros – 20 litros

_____ _____ _____ _____

2▸ Em quais produtos abaixo é utilizada a unidade de medida litro para medir sua quantidade? Escreva os nomes.

tomate – leite – óleo – elástico – suco

_____ _____ _____ _____ _____

3▸ Numere as siglas conforme a legenda.

| **1** | massa | **2** | comprimento | **3** | capacidade |

☐ L   ☐ kg   ☐ m

219

Mais sistema de numeração decimal

1 ▸ Ligue os pontos na sequência dos números e descubra um lindo desenho.

2 ▸ Escreva os números vizinhos.

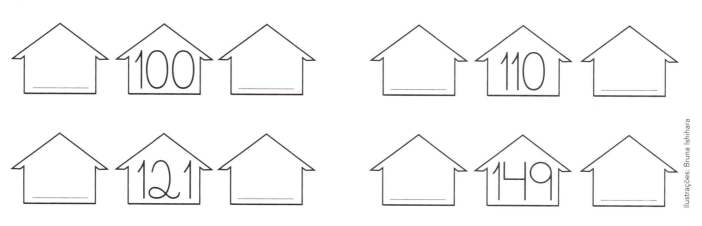

NOME: _____ DATA: _____

O nosso planeta

Vivemos no planeta Terra.

1 ▸ Circule a imagem do planeta onde moramos e escreva o nome dele logo abaixo.

_____   _____   _____

2 ▸ Escreva **V** para as informações verdadeiras e **F** para as informações falsas.

☐ A Terra recebe luz e calor do Sol.

☐ A Lua é uma estrela.

☐ A água cobre a maior parte da superfície do planeta Terra.

A natureza

Atividades

1. Faça um **X** no quadrinho da obra de arte na qual você identifica elementos da natureza.

George Inness. **Hillside at Étretat**, 1876. Óleo sobre tela, 65,41cm × 97,47 cm.

Wassily Kandinsky. **Negro e Violeta**, 1923. Óleo sobre tela, 77,8 cm × 100,4 cm.

2. Pinte os ◯ que indicam elementos da natureza que você encontrou na obra de arte assinalada.

◯ carroça   ◯ água   ◯ ponte

◯ animais/pessoas   ◯ céu   ◯ plantas

222

NOME: _____ DATA: _____

Os seres vivos e os elementos não vivos

Na natureza encontramos seres com vida e elementos que não têm vida.

1. Classifique as imagens de acordo com a legenda.

   1 ser vivo   **2** elemento não vivo

2 Pinte os espaços com pontinhos nas cores indicadas e encontre dois seres vivos.

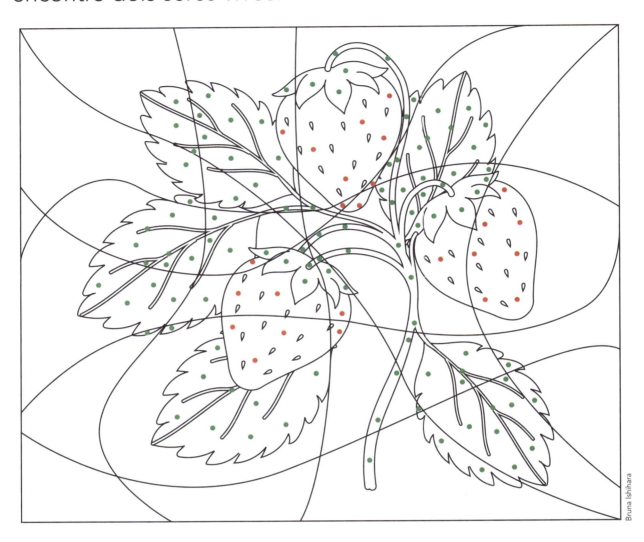

NOME: _____ DATA: _____

A água

A água é um importante elemento da natureza para os seres vivos.

1) Observe as cenas e escreva abaixo delas como a água está sendo utilizada pelos seres vivos. Use as palavras em destaque.

transporte   alimentação   higiene

lazer   esporte

_____   _____   _____

_____   _____

2. Pinte de 🟩 as 🙂 das frases que indicam características adequadas para o consumo da água e de 🟥 das não adequadas.

a) 🙂 Água sem cor, cristalina.

b) 🙂 Água com aspecto turvo.

c) 🙂 Água sem cheiro.

d) 🙂 Água sem sabor.

3. Observe as imagens e escreva abaixo delas o estado em que podemos encontrar água na natureza. Use as palavras em destaque.

sólido   líquido   gasoso

_____

_____

_____

NOME: _____ DATA: _____

O ar

O ar está presente em todos os lugares.

O oxigênio encontrado no ar é muito importante para os seres vivos.

1 Circule os seres que precisam de ar para viver.

227

2 ▸ Observe a imagem e responda às perguntas.

- Quantos balões estão cheios de ar? ◯

- Quantos balões estão vazios? ◯

3 ▸ O que faz as pipas voarem? Observe a pintura abaixo e circule no poema o nome que o ar recebe quando está em movimento.

Ivan Cruz. **Soltando pipa V**, 2007. Acrílico sobre tela, 60 cm × 80 cm.

[...] Quando sou fraco
Me chamo brisa
E se assobio
Isso é comum.

Quando sou forte
Me chamo vento
Quando sou cheiro
Me chamo pum!

Vinicius de Moraes. O ar (o vento) In: Vinicius de Moraes. **A arca de Noé**. São Paulo: Companhia das Letrinhas, 2004. p. 24.

NOME: _____ DATA: _____

As plantas

As plantas são seres vivos. Uma planta completa tem raiz, caule, folha, flor e fruto.

1 ▸ Escreva abaixo das imagens o nome de cada etapa do ciclo de vida de algumas plantas.

nasce   cresce   reproduz-se   morre

_____

_____

_____

_____

229

2 Faça um **X** nos ☐ dos elementos que indicam de que uma planta terrestre precisa para viver.

☐ terra

☐ luz e calor do Sol

☐ ar

☐ leite

☐ água

☐ pão

3 Ligue o nome de cada parte do mamoeiro às imagens correspondentes.

raízes •

caule •

fruto •

folha •

flor •

•

Tiger Images/Shutterstock.com

•

Y U M M A/Shutterstock.com

•

Bowonpat Sakaew/iStockphoto.com

•

wathanyu/iStockphoto.com

•

phiseksit/Shutterstock.com

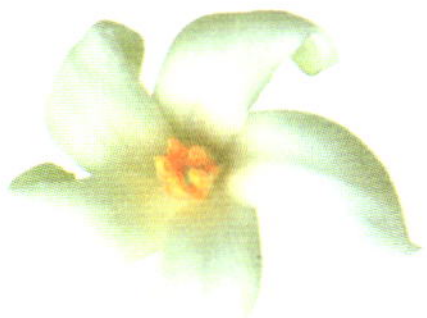

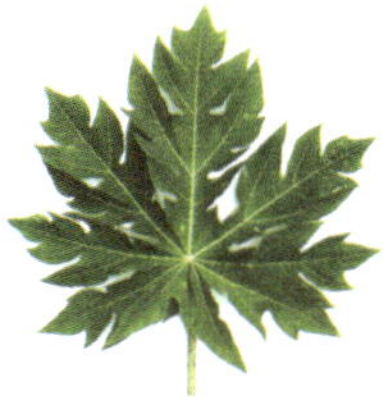

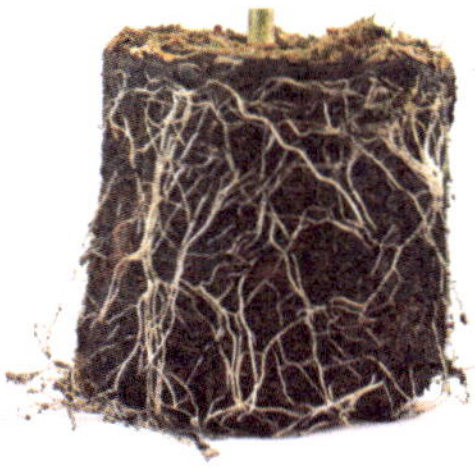

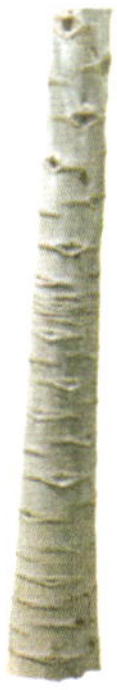

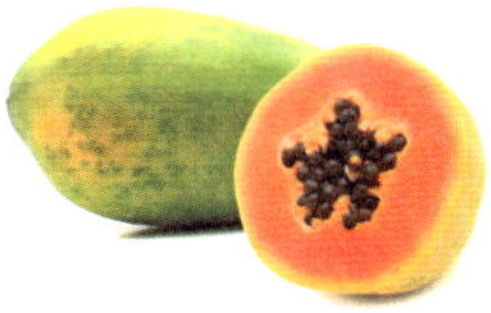

NOME: _____ DATA: _____

Os animais

Os animais também são seres vivos. Eles nascem, crescem, podem se reproduzir e morrem. Os seres humanos são animais.

1) Circule as imagens de animais.

2 ▸ Escreva como é coberto o corpo dos animais abaixo. Use as palavras em destaque.

penas   pelos   escamas

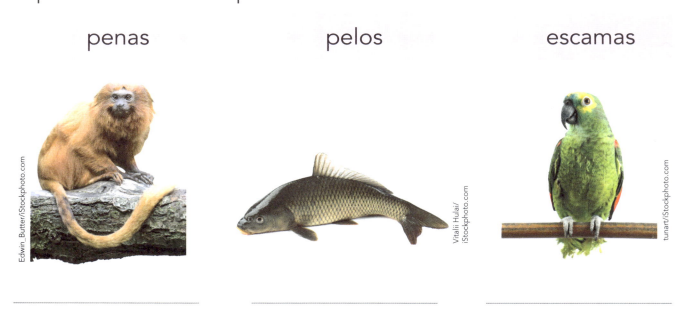

_____   _____   _____

3 ▸ Numere cada produto de acordo com o animal de origem.

4 ▸ Você tem algum animal de estimação? Se sim, qual é esse animal e que nome ele tem?

_____

NOME: _____ DATA: _____

O nosso corpo

O corpo humano é dividido em três partes: cabeça, tronco e membros. Os membros são classificados em membros superiores – que são os braços – e membros inferiores – que são as pernas.

1 ▸ Circule a sombra que o corpo humano projetou.

2 Complete as frases com as palavras em destaque.

membros superiores   tronco   cabeça   pernas

a) Os olhos, a boca e o nariz ficam na _____.

b) O pescoço liga a cabeça ao _____.

c) Os braços e as mãos são os _____.

d) As _____ e os pés são os membros inferiores.

3 Ligue as imagens dos objetos ao nome da parte do corpo humano onde geralmente são usados.

• pés

• cabeça

• dedos

NOME: _____ DATA: _____

Os sentidos

O ser humano percebe o mundo e o seu corpo por meio dos sentidos.

1) Encontre no diagrama o nome dos sentidos que nos permitem perceber o mundo e o nosso corpo.

B	F	H	I	X	A	U	D	I	Ç	Ã	O
G	U	S	T	A	Ç	Ã	O	R	T	U	A
M	X	I	R	F	W	O	S	M	Ç	W	E
T	N	A	U	M	H	V	I	S	Ã	O	N
A	I	B	H	R	B	J	M	Q	T	X	A
T	E	S	O	L	F	A	T	O	H	B	G
O	Z	J	L	F	R	P	Q	R	A	Y	N

2) Agora, escreva o nome dos sentidos abaixo dos órgãos correspondentes.

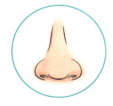  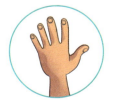 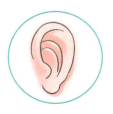 

_____ _____ _____ _____ _____

3 ▸ Circule abaixo o nome do órgão do sentido do tato.

a) Pele. b) Olhos. c) Nariz.

4 ▸ Faça um **X** no ◯ do órgão e sentido correspondente em cada caso.

a) Por meio dele podemos perceber diferentes sabores.

◯ Audição. ◯ Tato. ◯ Gustação.

b) Por meio dele podemos perceber os sons que estão ao nosso redor.

◯ Visão. ◯ Audição. ◯ Olfato.

c) Por meio dele podemos perceber os odores.

◯ Olfato. ◯ Tato. ◯ Gustação.

NOME: _____ DATA: _____

A nossa alimentação

Como somos seres vivos, precisamos nos alimentar. É importante que nossa alimentação seja nutritiva e variada para ser saudável.

1. Observe as imagens e circule os alimentos que você costuma consumir.

237

A água é um alimento de origem mineral e é o elemento de que nosso corpo mais precisa.

2 Desenhe quantos copos de água você bebe por dia.

3 Numere corretamente cada alimento considerando sua origem.

1 animal **2** vegetal

NOME: _____ DATA: _____

Cuidados: a higiene pessoal

A higiene pessoal é essencial para a preservação da saúde.

1 ▸ Circule os objetos que você costuma usar em sua higiene pessoal.

2 ▸ Pinte de 🟩 o ⃝ das frases que tratam de atitudes de cuidado com a saúde.

a) ⃝ Escovar os dentes após as refeições.

b) ⃝ Andar descalço.

c) ⃝ Lavar as mãos antes das refeições.

239

Cuidados: o meio ambiente

Devemos cuidar do ambiente em que vivemos para termos boa saúde.

1) Marque com um **X** as cenas nas quais se cuida do ambiente. Depois, pinte-as.

NOME: _____ DATA: _____

Quem é você?

1 ▸ Observe a foto abaixo e circule a criança que tem características semelhantes às suas.

2 ▸ Complete as informações sobre você.

a) Meu nome é _____.

b) Eu nasci em _____.

c) Tenho _____ anos de idade.

d) Gosto de brincar de _____
_____.

241

Minha família

1 ▸ Com quem você mora? Pinte o ☐ correspondente.

☐ Mãe ☐ Pai ☐ Irmão

☐ Irmã ☐ Tio ☐ Tia

☐ Avô ☐ Avó ☐ Outros

2 ▸ Quantas pessoas há na sua família? Circule o número que corresponde a essa quantidade.

1   2   3   4   5   6   7   8   9   10

3 ▸ Faça um **X** nas atividades que você e sua família fazem juntos nos fins de semana.

4 ▸ Conte aos colegas e ao professor outras atividades que você costuma fazer com sua família.

NOME: _____ DATA: _____

Casas

Que tipo de moradia é a sua?
Existem vários tipos de moradia.

1 ▸ Circule a moradia que mais parece com a sua.

2 ▸ Escreva o número de sua casa.

243

3 ▸ Numere os objetos de acordo com os cômodos em que costumam ficar em sua casa.

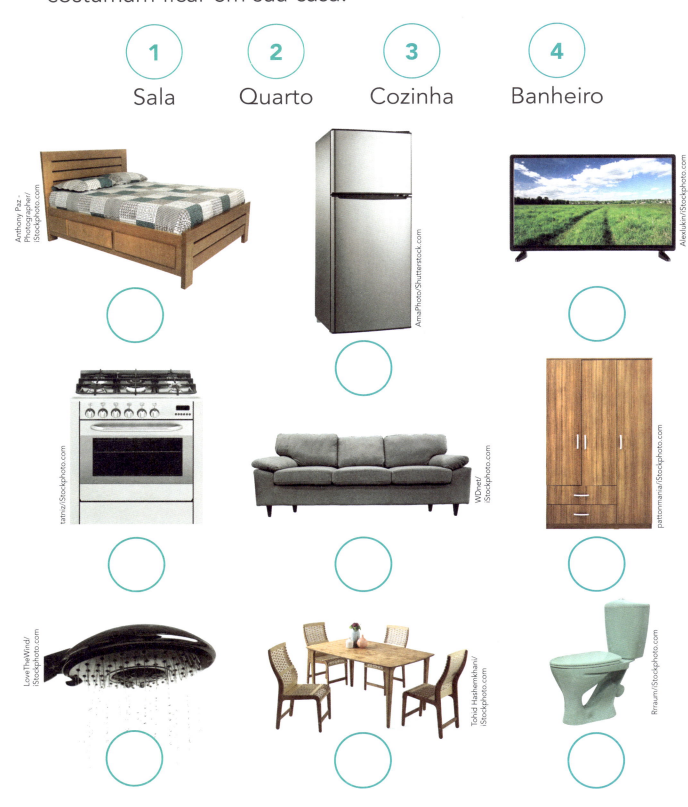

4 ▸ Conte quantos cômodos tem a sua casa e escreva o número que representa essa quantidade.

NOME: _____ DATA: _____

Rua

A rua é um espaço público. Devemos cuidar dela.

1) Marque a opção mais adequada em relação à rua que você mora.

Na minha rua há...

○ Muitos
○ Poucos
○ Nenhum

○ Muitas
○ Poucas
○ Nenhuma

○ Muitas
○ Poucas
○ Nenhuma

○ Muitas
○ Poucas
○ Nenhuma

○ Muitos
○ Poucos
○ Nenhum

○ Muitas
○ Poucas
○ Nenhuma

○ Muitas ○ Muitas ○ Muitas
○ Poucas ○ Poucas ○ Poucas
○ Nenhuma ○ Nenhuma ○ Nenhuma

2 ▸ Escreva **V** para as afirmações **verdadeiras** e **F** para as afirmações **falsas**.

☐ Minha rua é bem cuidada.

☐ O calçamento da rua em que moro é de pedras.

☐ A coleta do lixo é diária na rua em que moro.

☐ A rua em que moro é bem iluminada.

☐ Não há saneamento básico na rua em que moro.

☐ Há muito trânsito na rua em que moro.

3 ▸ Complete.

Eu moro na rua _____.

4 ▸ Escreva o que mais há na rua em que você mora.

NOME: _____ DATA: _____

O meu bairro

Os bairros não são iguais. São formados por ruas, construções e vegetação. Podem ter viadutos, lagos, praia, monumentos, areal e outros elementos.

1 ▸ A rua em que você mora faz parte de um bairro. Escreva o nome dele.

_____

2 ▸ Circule as afirmações corretas sobre o bairro em que você mora.

a) É um bairro grande.

b) É um bairro pequeno.

c) É um bairro novo.

d) É um bairro antigo.

e) É um bairro tranquilo.

f) É um bairro movimentado.

3 ▸ Ordene as palavras e escreva o nome do que há em seu bairro.

METRÔ

_____

PRAÇA

_____

BANCO

_____

VIADUTO

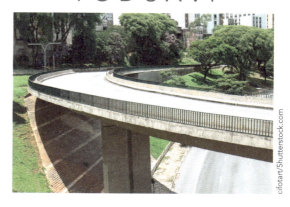

_____

IGREJA

_____

PRAIA

_____

4 ▸ Quantos postos de saúde há em seu bairro? _____.

NOME: _____ DATA: _____

Escola

As escolas também não são iguais.

1. Responda.

   a) Qual é o nome da sua escola?
   _____

   b) Em qual bairro sua escola está localizada?
   _____

2. Conte quantos desses espaços há na sua escola e escreva os números que representam essas quantidades.

3. Como sua escola é? Circule a resposta.

   PEQUENA   MÉDIA   GRANDE

249

São muitos os profissionais que trabalham na escola. Cada profissional desempenha sua função para que a escola funcione.

4 ▸ Ligue os profissionais às suas funções.

Servente

• Prepara as refeições.

Professor(a)

• Cuida da limpeza e organização dos espaços.

Merendeiro(a)

• Dirige toda a escola.

Diretor(a)

• Organiza as vivências de aprendizagens das crianças.

NOME: _____ DATA: _____

O trabalho

O trabalho é importante para a construção da sociedade. Todas as profissões são importantes e devem ser valorizadas.

Marinheiro só

[...]
Ô marinheiro, marinheiro
Marinheiro só
Quem te ensinou a navegar
Marinheiro só
[...]

Cantiga.

1. Circule a imagem que representa o profissional mencionado na cantiga.

Crédito: Luis Morales Torres/Pexels.com

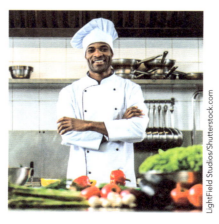
LightField Studios/Shutterstock.com

Dmitry Tkachuk/Shutterstock.com

2 Escreva o nome das profissões corretamente.

cantora   costureira   gari

jardineiro   dentista   pipoqueiro

_____

_____

_____

_____

_____

_____

3 Você já pensou na profissão que você quer ter? Escreva abaixo.

_____

NOME: _____ DATA: _____

Meios de transporte

1▸ Circule os meios de transporte.

2 ▸ Quais meios de transporte você mais utiliza?

_____

3 ▸ Numere os meios de transporte de acordo com a legenda.

① Aéreo   ② Aquático   ③ Terrestre

NOME: _____ DATA: _____

Meios de comunicação

1. Encontre no diagrama de palavras o nome de quatro meios de comunicação. Depois, escreva esses nomes ao lado da imagem correta.

N	B	R	Á	D	I	O	U
M	O	C	N	T	K	T	T
C	A	R	T	A	I	O	E
H	B	W	I	J	L	H	L
T	E	L	E	F	O	N	E
Z	N	I	Y	K	R	Á	V
U	D	V	O	I	E	U	I
R	Q	R	A	B	G	L	S
S	T	O	X	I	H	O	Ã
N	U	V	R	S	S	T	O

_____

_____

_____

_____

_____

_____

_____

2 ▸ Ordene as letras nos locais indicados e forme o nome do meio de comunicação utilizado pela menina.

M   C   O   T   P   U   D   A   R   O

☐ ☐ ☐ ☐ ☐ ☐ ☐ ☐ ☐ ☐

3 ▸ Pesquise outros meios de comunicação e cole-os abaixo.